Método de Desarrollo de las Facultades Supranormales

Discovery Publisher

Título original : Méthode de développement des facultés supra-normales
2017, Discovery Publisher

Para la edición española :
©2018, Discovery Publisher
Todos los derechos están reservados

Autor: Eugène Caslant
Traductores: Carlos Barreiro Carballo, Nadège Delclaux
Editora: Magaly Poleo
Colaboradores: Carmen Buitrago, Tania Casas Cadena

616 Corporate Way
Valley Cottage, New York, 10989
www.discoverypublisher.com
edicion@discoverypublisher.com
facebook.com/discoverypublisher
twitter.com/discoverypb

New York • Paris • Dublin • Tokyo • Hong Kong

TABLA DE CONTENIDOS

Método de Desarrollo de las Facultades Supranormales

Prefacio

El método descrito en estas páginas no es, como algunos críticos de la primera edición lo afirmaron, el producto de concepciones teóricas más o menos realizables destinadas a provocar la clarividencia en los lectores ansiosos por experimentarlo. Al contrario, es esencialmente positivo, ya que es la conclusión de miles de experimentos llevados a cabo durante unos veinte años sobre un número significativo de temas de toda clase. Los medios que se indican son la consecuencia de observaciones múltiples, y los que los han aplicado lograron resultados notablemente concordantes con los míos.

Otras personas lamentaron el hecho de que el método requiere un instructor y no facilite los medios para desarrollar la clarividencia por uno mismo. No es conveniente que sea así. Es cierto que algunos orientales alcanzan la visión subjetiva mediante un adiestramiento personal, pero esto es el resultado de una capacidad congénita, más bien escasa entre las razas occidentales. Un desarrollo sin instructor podría llevar al cerebro receptivo a corrientes malas y desequilibradas, que determinan ilusiones engañosas acompañadas por complicaciones nerviosas que podrían ser muy graves; mientras que este peligro desaparece con el instructor, siempre y cuando se preocupe por conducir las imágenes con lógica y regularidad, evitar tanto las preguntas incoherentes, como todo aquello que pueda acarrear un estado de cansancio o sufrimiento y provocar en el sujeto estados de equilibrio y calma cada vez más completos. No solo el desarrollo normal no provoca ningún disturbio, sino que, al contrario, mejora el estado físico y moral del sujeto y hasta garantiza su curación o el alivio de su mal cuando está enfermo.

Por último, el éxito de este método no se debe a mi actuación personal, como también se ha afirmado. Depende evidentemente de las aptitudes del sujeto, pero es eficaz con cualquier instructor, siempre y cuando este aplique las reglas cuidadosamente. Se puede comparar con un método de dibujo o de música, cuya aplicación depende del alumno y del profesor, pero que siempre da resultados. Se ejerce mal con personas toscas, de poca cultura o inestables. En cambio, produce efectos notables con personas evolucionadas, sobre todo con las que saben mantener una serenidad constante o que desean sinceramente alcanzar una forma de elevación moral; al fin y al cabo, proporciona a todos, con más o menos fuerza, estados subjetivos nuevos y superiores, puesto que se trata de una verdadera cultura psicomental.

Método de desarrollo de facultades supranormales

El conocimiento del mundo exterior nos lo dan nuestros sentidos, pero éstos son sumamente limitados. Sólo podemos oír o ver a una persona si estamos cerca de ella, sólo podemos intercambiar ideas mediante las palabras que cambian de un pueblo a otro y que, la mayoría de las veces, traicionan, de forma voluntaria o no, nuestro pensamiento.

Sin embargo, la ciencia ha podido extender nuestros sentidos hasta cierto punto. El microscopio y el telescopio han ampliado nuestro campo visual desde lo infinitamente pequeño hasta lo infinitamente grande, el teléfono ha suprimido la necesidad de la cercanía para la audición y el televisor transmite imágenes a distancia. Asimismo, la ciencia nos ha permitido vislumbrar la existencia de un sinnúmero de modos vibratorios, de los cuales solamente podemos percibir una ínfima parte. De hecho, nuestro oído solo capta vibraciones de 32 a 33 000 Hz, mientras que nuestro ojo sólo percibe aquellas entre los 450 nm de la luz roja y los 750 nm de la luz violeta, por lo que, aún si intercalamos las vibraciones de la electricidad y del calor, siempre tendremos lagunas que desafían nuestra imaginación. ¿Dichas lagunas corresponden con vibraciones realmente emitidas en el universo o, al contrario, son la consecuencia de una nada, es decir, de una discontinuidad absoluta en la sucesión vibratoria? Esta última hipótesis no es compatible ni con las leyes naturales, que únicamente actúan a través de transiciones, ni con los descubrimientos de la ciencia, que nos revelan la existencia de vibraciones nuevas con cada avance. De esta manera, debemos concluir que, con toda probabilidad, existen incontables centros vibratorios de los que nuestra conciencia no se percata y cuya percepción nos abriría el camino hacia el conocimiento de mundos inimaginables.

¿Debemos admitir que tan solo llegaremos a conocer estos mundos desconocidos mediante lentos avances científicos? ¿No podemos perfeccionar nuestras percepciones actuales para ensanchar el campo de las investigaciones? ¿No es posible adquirir sentidos nuevos y acrecentar sin límites el campo de nuestra conciencia? A esta última pregunta se le puede contestar afirmativamente en seguida si admitimos la existencia de fenómenos sobrenaturales, narrados tanto en los textos antiguos como en los de algunos autores modernos. Hablamos de fenómenos como la videncia, telepatía y sonambulismo, cuya existencia demostraremos posteriormente, los cuales han sido desacreditados y, por ello, no constan en los currículos oficiales ni son estudiados por los científicos. Dos motivos explican tal descrédito.

Observaciones contradictorias

El primero se fundamenta en el carácter caótico y contradictorio de las observaciones que se han llevado a cabo acerca de este tipo de fenómenos, debido a la variedad y espontaneidad de estos, lo que los hace imperceptibles, y, finalmente, debido a que los profesionales del sonambulismo más o menos lúcido se preocupan mucho más por sus intereses lucrativos que por los intereses de la ciencia y no temen, por lo menos algunos, compensar sus aptitudes caprichosas con charlatanería.

Ideas preconcebidas

El segundo motivo radica en las ideas preconcebidas que solemos profesar en cuanto al psiquismo se refiere. El estudio de las cuestiones psíquicas recién empieza. Hasta la fecha, todas las respuestas provenían de las religiones, filosofías y doctrinas diversas y cada uno de nosotros hemos elegido el sistema que se acople mejor con nuestra forma de ser. Podemos ser negador o creyente, escéptico o crédulo, materialista o espiritualista, poco importa, el caso es que no podemos evitar construir un edificio metafísico para el alma, arraigado en lo más profundo de nosotros mismos, que relacionamos con el sistema religioso o filosófico al que mejor se adapta. Entonces nos hacemos inflexibles y, al debatir, estamos o no de acuerdo con nuestro interlocutor en la medida en que sus ideas psíquicas se acerquen o se alejen de las nuestras. Si nuestras creencias no están en perfecta armonía con las suyas, un entendimiento mutuo llega a ser imposible, ya que este supondría ir en contra de una certitud arraigada en lo más íntimo de nuestro ser que se afirma con cada uno de nuestros pensamientos. Tomemos como ejemplo la creencia en la reencarnación. La religión budista y la doctrina teosófica la admiten, la religión católica y la doctrina gnóstica la niegan, los científicos modernos hablan más bien de herencia. Claramente, los católicos, gnósticos y eruditos, por una parte, y los budistas, teósofos y espiritistas, por otra, no serán capaces de tratar este tema sin oponerse. Ellos podrán intercambiar argumentos casi sutilmente, pero no llegarán a comprenderse. Asimismo, la telepatía, la videncia y otros fenómenos psíquicos provocan automáticamente en quien oye hablar del tema una opinión firme, hostil o no, ya que atañen al destinos de las almas y ponen en peligro el equilibrio de nuestro edificio metafísico. Por este motivo, las publicaciones al respecto, por muy numerosas que sean, no desembocan sino en discusiones estériles la mayor parte del tiempo.

Tenemos que asumir una postura científica

Entonces, si queremos aprender más acerca del valor de estos fenómenos, tenemos que descartar cualquier sistema religioso o filosófico y examinarlos de un modo positivo, es decir mediante métodos científicos. Sin embargo, dichos métodos no consisten de ninguna manera en perderse en discusiones más o menos lógicas; dicho proceso no sería científico, sino literario o filosófico. La ciencia necesita como mínimo los siguientes pasos: la *observación*, es decir poner de manifiesto hechos obvios; la *experimentación*, o sea, la producción intencionada de los mismos hechos en circunstancias variadas para estudiar sus filiaciones y repercusiones; la *creación de instrumentos de medida*, sin los cuales no sería posible precisar el fenómeno y determinar su aspecto; el *establecimiento de leyes comprobables por todos*; y, finalmente, la *presentación al público de hipótesis fecundas* que tengan la posibilidad, no sólo de explicar el fenómeno, sino que también de revelar hechos nuevos.

Empezar con la sensación elemental

Para cumplir con estas diversas condiciones, conviene emprender el estudio de los fenómenos psíquicos desde el principio, es decir, desde las sensaciones elementales, como las que provienen de una luz débil o un sonido apenas perceptible. Este estudio ya existe, empezó en el siglo pasado y ha generado una ciencia algo desconocida llamada la psicofísica. A esta se le deben algunas leyes, en particular una que relaciona la sensación con el estímulo y otra que aclara el funcionamiento de la memoria. Además, esta ciencia ha dado a conocer el juego de contrastes y de ritmos y ha permitido explicar algunas ilusiones, aclarar nuestra mecánica natural, comprender el papel de los llamados números místicos en el universo, establecer una estética racional, resolver de manera racional y explicar rigurosamente varios problemas psíquicos. No me detendré en esta ciencia tan árida, cuya presentación necesitaría un gran número de sesiones, y cuyos principales elementos se encuentran en las obras de Charles Henry, tales como *El círculo cromático, El transportador estético, etc*. Solamente desarrollaré la parte de esta ciencia que es el objeto de nuestro estudio, es decir, el desarrollo de facultades supranormales, y que se refiere a la imaginación.

Un método válido para todos

La imaginación es una palabra cuya significación entendemos todos; sabemos que se trata de un fenómeno subjetivo que todos experimentamos, pero cuyo alcance total no podemos ni sospechar. La importancia de la imaginación deriva de que esta contiene el germen de nuestras facultades psíquicas superiores. Bastó basarme en algunos de sus principios para establecer un método capaz de hacer surgir en cualquier persona, incluso de mediana evolución, el sentido de la videncia, la visión del pasado y la premonición, la percepción de sensaciones nuevas y el conocimiento paulatino de los mundos invisibles. Todas estas facultades las obtuve sin ninguna acción magnética ni fluídica, sin desaparición de la conciencia normal y dentro de un período de tiempo muy corto, ya que sus primeras manifestaciones suelen aparecer en menos de media hora y siguen progresando continuamente.

¿Qué es la imaginación?

Para entender cómo todo esto es posible, vamos a analizar el fenómeno de la imaginación. La imaginación puede definirse como la facultad de percibir imágenes dentro de sí; pero ¿qué es una imagen? Es el recuerdo de una impresión provocada, ya sea por un objeto o un grupo de objetos, ya sea por cualquier escena caracterizada por la unidad o cohesión, dicho de otra forma, es el recuerdo de un conjunto de sensaciones elementales. Por lo general, la palabra "imagen" se aplica a la sensación visual, pero en psicofísica, para simplificar, se aplica también a todas las otras sensaciones, por lo que consideramos las sensaciones auditivas, olfativas, táctiles y gustativas como imágenes.

Generalmente, pensamos que las imágenes pueden pasar por nuestro cerebro sin dejar ninguna huella visible en el exterior. Sin embargo, se ha demostrado lo contrario. Hemos constatado que no podemos imaginar ni la más débil de las imágenes, como por ejemplo la letra i, sin que se produzca un movimiento, el cual consiste, en este caso, en un movimiento de la lengua. Dicho de otro modo, esto significa que toda visión interna viene acompañada por una emisión de energía que se evidencia finalmente a través de un modo vibratorio, es decir, de una propagación indefinida.

El pensamiento emite un aura

En una obra titulada *Formas de pensamiento*, Annie Besant y C. W. Leadbeater, procediendo mediante la visión interna, observan que cualquier pensamiento va acompañado por una proyección en el espacio de una especie de masa fluídica de color, invisible para nuestros ojos físicos, pero perceptible en un estado especial llamado videncia o clarividencia. Los contornos de esta masa fluídica son indefinidos cuando el pensamiento no es preciso, pero, al contrario, muy marcados cuando el pensamiento es claro.

Además, esta masa exhibe una coloración cuyo matiz depende del tipo de emoción que acompaña el pensamiento y cuya luminosidad y pureza dependen de su calidad. Este copo fluídico puede ser proyectado hacia una dirección determinada y alcanzar una persona en particular, o puede propagarse por el espacio sin rumbo fijo, en cuyo caso se junta con otros copos por afinidad. En otra obra titulada *El hombre visible e invisible*, Leadbeater nota que cada persona vive envuelta en una atmósfera luminosa llamada "aura", la cual recuerda, aunque de manera más compleja, el espectro y sus rayas. Dentro de esta aura es donde se forman los copos fluídicos a raíz del trabajo emocional del pensamiento. Débiles y livianos cuando el espíritu está tranquilo, estos generan rápidos movimientos de torbellino que se proyectan a lo lejos con fuerza cuando pasiones violentas agitan el alma. Sin embargo, estos copos nunca se separan de quien los ha emitido, puesto que experimentos llevados a cabo con sujetos hipnotizados muestran que siempre podemos volver a sentir una impresión que tuvimos en un momento dado de nuestra vida.

Un ejemplo inquietante

Las imágenes proyectadas se propagan de modo indefinido, por lo que alcanzan a todos los seres, pero estos solo pueden tener conciencia de ello cuando su estado vibratorio corresponde con el de la imagen Lo anterior puede ocurrir de manera fortuita, como lo demuestran un sinfín de observaciones relatadas por diferentes autores, en particular por la Sociedad para la Investigación Psíquica de Londres. Por ejemplo, se demostró que algunas personas tuvieron la visión del fallecimiento de alguien que estaba lejos, o alguna otra alucinación similar, exactamente al mismo tiempo en que este se produjo. Tal es el caso relatado por Flammarion en la obra *Lo desconocido y los problemas psíquicos*, en la cual un conjunto de personas reunido en casa de un notario espera que él regresara de cazar para poder almorzar. Todos ven la ventana del comedor, entonces abierta, cerrarse repentinamente y volver a abrirse de la misma forma. La esposa del notario tiene un desafortunado aunque justificado presentimiento, pues en ese mismo momento su esposo moría en un accidente. Aunque todos vieron el movimiento de la ventana, este no había sido real, pues de haberlo sido, una jarra colocada en una mesa contra la pared y cuyo cuello era más alto que el borde de la ventana, tuvo que haber sido derribada o rota. Lo que se produjo fue una alucinación colectiva, un fenómeno de transmisión de pensamientos o de estado emotivo que viene a ser lo que llamamos telepatía. Bozzano, en un estudio publicado en los *Anales de las ciencias psíquicas*, describió una serie de hechos que sintetizan el asunto y demuestran claramente su veracidad. De hecho, es algo muy fácil de demostrar: Flammarion afirma que una de cada veinte personas ha podido comprobar un caso irrebatible de telepatía. ¿No hemos notado todos alguna vez que de repente pensamos en escribirle a un amigo y sucede que nuestra carta se cruza con la de él? Es un ejemplo de telepatía.

Toda imagen percibida se proyecta fuera de nosotros

Los estudios arriba mencionados llegan a la misma conclusión, o sea que cualquier imagen percibida termina
siendo proyectada fuera de nosotros, o bien, lo que viene
a ser lo mismo, provoca una corriente que la transmite en
un sentido indefinido. El científico constata la existencia de ondas de propagación tan pronto como se forma
la imagen; el sensible percibe la emisión de una masa de
sustancia luminosa o la aparición de una corriente fluídica;
el observador nota que en determinadas circunstancias se
establece una correlación entre el creador del pensamiento
y una persona extraña más o menos lejana. De ello sacamos
esta notable conclusión: las imágenes, al producir corrientes o resultar de ellas, permiten manipular estas corrientes
y producir fenómenos psíquicos anormales mediante una
combinación adecuada. En realidad, el cerebro funciona
como un aparato de telegrafía inalámbrico, unas veces
como receptor otras como emisor. Este punto de vista
se opone al de los antiguos psicólogos, como Taine, por
ejemplo, quien en su obra acerca de la inteligencia profe-
sa que las imágenes espontaneas solo pueden surgir de la
memoria, es decir de materiales acumulados a lo largo de
la existencia. Esta conclusión es demasiado absoluta. Es
cierto que nuestras percepciones internas, la mayoría de
las veces, están compuestas por nuestros recuerdos, pero
estas pueden también resultar de impresiones provocadas
por el exterior, de fuentes visibles o no, conocidas o desconocidas, actuando en circunstancias más o menos os-

curas. En términos de la electricidad, podríamos afirmar que el cerebro suele funcionar como un circuito cerrado, pero también puede hacerlo como circuito abierto. Este punto es muy importante porque permite comprender las posibilidades de las facultades supranormales.

Lo que ocurre en el subconsciente

En resumen, sabemos que algunos estimulantes o tipos de energía, como la luz, el sonido o los olores, actuando en las debidas condiciones de intensidad y de contraste, provocan en nosotros mismos un estado de conciencia llamado sensación. Dicha sensación, una vez percibida, nunca llega a borrarse completamente y puede volver a aparecer en ciertos casos sin que el estimulante intervenga, pero de una forma más débil: es el fenómeno del recuerdo. Asimismo, un objeto, un ser o una escena determinan un cúmulo de sensaciones, sometido al mismo proceso de renacimiento. Esta reaparición del cúmulo constituye precisamente una imagen. El conjunto de nuestras sensaciones se fija dentro de nosotros mismos y constituye así una especie de almacén que llamamos el subconsciente. Sin embargo, ya que en cierta medida todos tenemos impresiones en común con otras personas, nuestro subconsciente encierra imágenes provenientes del subconsciente de otro individuo en medio de nuestros recuerdos. Por afinidad, estas imágenes se asocian entre ellas para constituir hilos conductores que nos permiten indagar en el subconsciente del otro. Por eso podemos decir que estos almacenes de imágenes no están herméticamente cerrados y, si bien es más fácil entrar en el nuestro, podemos en ciertos casos abrir la puerta de comunicación y entrar en el del vecino y, pasando de uno a otro, conseguir visitar el subconsciente que nos queramos.

Dos tipos de imágenes

Ya que el cerebro funciona como emisor y como receptor de ondas, cabe distinguir dos categorías de imágenes: las imágenes emitidas y las imágenes recibidas. Siendo la imaginación el fenómeno psíquico determinado por la combinación de imágenes, existen por consiguiente dos tipos de imaginación: la imaginación activa y la imaginación pasiva.

El papel de la imaginación activa

La imaginación es la capacidad de hacer aparecer por voluntad las representaciones internas y asociarlas según alguna finalidad; gracias a ella el escritor crea sus novelas, el artista compone sus piezas musicales o concibe el tema de su pintura, el científico prepara sus trabajos de laboratorio y combina sus operaciones matemáticas. Es la fuente del entendimiento de los fenómenos, la creación y la evolución del Yo; es la base del juicio, de la formación de las ideas y de gran cantidad de fenómenos mentales. La imaginación activa abarca un universo completo.

La imaginación pasiva lleva a lo supranormal

Si conociéramos sus leyes, y si supiéramos aplicarlas, podríamos curar enfermedades sin médicos ni medicinas, transformar nuestro ser y realizar milagros. La imaginación pasiva, la única de la cual nos vamos a ocupar, es otro mundo. Ella es la que, al utilizar algunos de sus elementos, va a permitir que seamos capaces de hacer aparecer las capacidades supranormales. Radica en la aparición espontánea de imágenes. Estas pueden surgir por sí mismas a raíz de la acción de diferentes causas, en primer lugar, por sus conexiones naturales, pues toda imagen tiende a desencadenar la aparición de una serie de imágenes con las que está conectada por su proximidad en el espacio y en el tiempo. Por ejemplo, si no interviene ningún esfuerzo de voluntad, un césped en un jardín evoca el banco que está al lado; el recuerdo de un incidente en una calle recuerda no solo el incidente sino también los actos que se derivaron de él. Así las imágenes van despertando gradualmente las unas a las otras, agrupándose, por sus intensidades y afinidades y conforman escenas más o menos coherentes que abarcan todo el campo de la conciencia, en caso de que no exista la intervención de ningún fenómeno objetivo. Es lo que sucede en los sueños cuya principal causa es la imaginación pasiva.

Otra causa de la aparición espontánea de imágenes la proporciona la telepatía. En algunas condiciones psíquicas, la imagen emitida por una persona extranjera nos impresiona, entonces se mezcla con nuestras propias imágenes y crea una conexión espontánea entre los dos subconscientes. Es la esencia misma de algunas intuiciones, corazonadas, percepciones de atmósferas, casos de doble visión, de transmisión de pensamiento y otros fenómenos anormales.

¿Cómo podemos desarrollar nuestras capacidades supranormales?

Una vez aclaradas estas ideas preliminares, podemos ahora comprender el principio que permite desarrollar las capacidades supranormales. *Basta con mantener la calma en nuestros pensamientos e impedir el juego de la imaginación activa, de tal forma que se pueda aislar una imagen; luego acrecentar la intensidad de dicha imagen para expulsarla del subconsciente; después orientarla creando asociaciones adecuadas.* Estas asociaciones generan corrientes que llevan la conciencia hacia un campo nuevo, de cuya índole depende la orientación original de la imagen. Entonces existen tantos modos posibles de orientación como tipos de percepciones y por lo tanto facultades nuevas. Ocurre como si la entrada al mundo invisible estuviese cerrada por una puerta con múltiples cerraduras, que posiblemente se pudiera abrir con una sola llave, según su inclinación y su grado de rotación. La puerta es el cerebro, bloqueado por las ideas personales, la llave es la imagen, que orientamos correctamente con las palabras concretas apropiadas. El principio que permite que surjan las capacidades supranormales es por lo tanto muy sencillo y casi infalible. Tal es su sencillez que es de sorprenderse que dichas capacidades no sean más difundidas. Esto se debe a que el desorden y la confusión suelen regir generalmente el funcionamiento de nuestra inteligencia; nos complace enredar el juego de la imaginación activa con el de la imaginación pasiva y el caos de nuestras ideas no deja que las vibraciones inusuales y las vibraciones sutiles entren en el campo de nuestra conciencia sino casualmente. Nuestro cerebro es como un ático abarrotado con objetos dispares, los cuales, por su mala repartición, ocultan la lucerna e impiden ver afuera; dicho de otra forma, nuestro cerebro es como un garaje lleno de vehículos que circulan por todos lados y que obstaculizándose mutuamente solo pueden salir por mera casualidad. Indudablemente, tan solo recoger los objetos del ático permitirá restituir la luz a su paso, o detener a los vehículos momentáneamente, salvo uno para permitir que salga el último.

La experimentación práctica

Acabamos de ver el principio que sirve de fundamento para el desarrollo de capacidades supranormales, examinemos ahora cuidadosamente los medios que se han de utilizar para aplicarlo. Tomemos como sujeto a una persona de cultura y evolución medianas, hombre o mujer. Cuanto más distinguida sea, mejores serán los resultados; cuanta más tosca sea, más difícil resultará el desarrollo. Para que la prueba resulte un éxito, solo será menester que dicha persona tenga un poco de imaginación, y que no esté absorta en los asuntos materiales y triviales de la vida, ni tampoco que la dominen sus intereses personales; desde luego también será indispensable que no esté enferma, ni que esté sujeta a una emoción violenta.

Con este supuesto, en primer lugar, hacemos que la persona se calme. Para ello, actuamos en un cuarto a media luz, con un asistente como máximo, y este ha de retirarse al rincón más alejado y evitar proyectar sus pensamientos con demasiada intensidad. Instalamos cómodamente al sujeto y le invitamos a que se tape los ojos con la mano para que no le moleste la luz, le ayudamos a alejar sus preocupaciones del momento con la ayuda de contraimágenes, y luego le pedimos que se desprenda de todo pensamiento de interés y que solo busque en la sesión la posibilidad de una evolución psíquica superior.

Sugerimos una palabra

En cuanto se haya establecido la calma, pronunciamos claramente una palabra que probablemente evoque una imagen concreta, tal como florero, ramo, etc., después de pedirle que describa detenidamente la sensación experimentada al escuchar la palabra. Tres casos pueden ocurrir: o bien no se produce ninguna impresión, o bien aparece una reminiscencia, o surge una imagen desconocida.

La ausencia de impresión indica claramente que el sujeto no supo deshacerse de sus preocupaciones o que tiene una preocupación inconsciente; de hecho, la palabra pronunciada es una onda vibratoria que tendría que haber producido vibraciones en el subconsciente. Si este se quedó neutral, ya que no se produjo nada, es que no sucedió penetración alguna, el sujeto se ha aislado y la palabra ha sido devuelta como una pelota contra un obstáculo. Entonces, hacemos desaparecer la preocupación, puede ser pronunciando una serie de palabras distintas, a raíz de lo cual el sujeto queda distraído del pensamiento que le mantenía preocupado; o bien si no fuera suficiente, recurriendo al recuerdo de un objeto familiar, de este modo provocamos una reminiscencia y así conseguimos regresar al segundo caso. Si falla también este procedimiento, recurrimos a la imaginación creadora invitando al sujeto a que diseñe una representación, tal como un ramo o una pequeña escena. Como hemos dado por cierto que el sujeto ha de tener un poco de imaginación, no puede sino producirse el efecto deseado. Desaparece la preocupación y entonces es posible la producción de imágenes internas.

En el segundo caso, que es el más frecuente, la palabra pronunciada ha determinado una reminiscencia: pronunciamos entonces una serie de palabras variando la sonoridad de su esencia. Por ejemplo, pasamos de una palabra que simboliza la representación del agua, como un lago, a otra que represente el fuego, las rocas, o algún objeto concreto. Al cabo de un período de tiempo habitualmente corto, desencadenamos la aparición de una imagen desconocida y llegamos al tercer caso. Si a pesar de todo, las reminiscencias persisten, es una señal de que el sujeto se estabiliza en el subconsciente, o bien por estar cansado, o bien por unas preocupaciones de las que todavía no ha podido deshacerse, y entonces no es lo suficientemente pasivo. Posteriormente, cabe detenerse en la reminiscencia más compleja y obligar al sujeto a centrar toda su atención en ella. Para eso, le hacemos una serie de preguntas sobre los detalles y el contexto de dicha reminiscencia. Con un poco de paciencia, conseguimos hacer que surja una imagen desconocida, o una mera impresión que no se puede asociar con ningún recuerdo, insistimos en seguida en este elemento desconocido, de manera de llegar al tercer caso. De ser necesario, aceleramos la aparición de esta parte desconocida apelando a la imaginación activa y pidiendo al sujeto que complete la escena o el objeto con un poco de fantasía, de esta forma le alejamos de los pensamientos en los que se quedaba enfrascado.

El umbral del subconsciente

En realidad, la persistencia de reminiscencias es excepcional; en la mayoría de los casos, la persona, bajo el efecto de las palabras pronunciadas, recuerda apenas tres o cuatro reminiscencias, luego ya no observa ninguna impresión. Esta ausencia de impresión indica no que rechaza la palabra como en el principio del ejercicio, sino que está en el umbral del subconsciente, y que va a salir para entrar en la tercera fase, la de las imágenes desconocidas. De hecho, basta con seguir emitiendo palabras concretas para provocar la aparición de imágenes que no evoquen ningún recuerdo. Por ejemplo, la palabra «jardín» hace surgir la imagen de céspedes y flores cuya disposición da la impresión de ser totalmente desconocida. Ahora bien, esto es posible solamente en dos casos: o bien la imagen emana de una fuente ajena, y el sujeto salió de su subconsciente; o bien la escena, que provocó posteriormente la imagen, permaneció oculta en las profundidades del subconsciente. El sujeto se encuentra en el límite del subconsciente y está listo para salir de él. Si esta salida tarda en ocurrir, se puede acelerar mediante el «enganche», es decir que, por ejemplo, una vez surgida la imagen de una senda en un jardín o un coche, invitamos al sujeto a imaginar que está paseándose por el jardín o que se sube al coche. Esta representación del movimiento provoca el desarrollo de una serie de imágenes panorámicas obligatoriamente desconocidas y luego se alcanza la meta deseada. Esto se debe a que durante el enganche la doble representación interior del individuo y la escena evocada se confunden, sucede una subordinación de la una a la otra y una preparación fluídica. La experiencia demuestra que el enganche puede provocar el sonambulismo con un sujeto predispuesto, así que solo se debe usar de forma precavida y conviene poner mucha atención en sus efectos. Es muy habitual que algunas palabras basten para provocar la aparición de la imagen espontánea, el proceso dura apenas 5 ó 10 minutos. Es necesario vocalizar bien las palabras, separarlas con el período de tiempo necesario para que el sujeto pueda analizar sus impresiones, no obstante, sin dejarle demasiado tiempo libre de manera que le sea imposible divagar dentro de sus propias imágenes. Se le realizan más preguntas acerca del carácter de las sensaciones provocadas y que se hacen con el propósito de obligar a la persona a analizarse con la mayor sutileza posible.

Cómo ha de portarse el operador

El operador ha de estar perfectamente tranquilo y desprenderse de toda idea preconcebida, incluso del recuerdo de sus propias experiencias; pues conviene disfrutar de una total libertad espiritual para percibir las peculiaridades propias a cada sujeto y en las que es muy necesario fijarse en el momento de poner en práctica el principio fundamental para el desarrollo de facultades supranormales. Algunas de nuestras palabras convienen más que otras, algunas inflexiones de la voz y algunos tiempos aceleran la aparición de la imagen desconocida. Al permanecer neutral y atento, el experimentador no solo intuye las palabras más favorables que debe pronunciar, sino que también percibe, de alguna manera, el estado psíquico del sujeto, a raíz de lo cual deducirá comentarios inesperados y productivos. El operador nervioso o impaciente, o que sigue teniendo reservas, crea una corriente perjudicial que deforma los resultados y puede hacer que el experimento desemboque en un fracaso seguro.

Liberarse de la influencia del subconsciente

La aparición de imágenes desconocidas indica que la persona empieza a trabajar en circuito abierto, dicho de otra forma, tiene la capacidad de proyectar fuera de sí directamente la porción de fluidos que constituye la imagen, liberarse del subconsciente, y ser sensible a vibraciones que emanan de fuentes exteriores. Se logra esta liberación definitiva concentrándose en la última imagen provocada. Para eso, hacemos preguntas detalladas al sujeto en cuanto a las características de lo que ha visto u oído. En otros términos, si se trata de una percepción visual, le pedimos que describa la forma de los objetos representados, su color, su respectiva posición, la atmósfera, el sentido de la escena, en resumen, le obligamos a observar todos los matices, como si quisiéramos comprender la percepción de la forma más precisa posible. En realidad, este procedimiento lo obliga a nutrir la imagen con su propio fluido, o si se prefiere, intensificar su vibración. Entonces la imagen se apodera del campo de la conciencia, se aleja del subconsciente de algún modo impulsada por las preguntas del operador despertando a su paso nuevas vibraciones que transmite a la conciencia y que se evidencian bajo la forma de sensaciones o escenas desconocidas. Sin embargo, esta concentración solamente es posible si la imagen permanece en el campo de la conciencia. Ahora bien, en el principio y para algunas personas surge como un relámpago y desaparece dejando solamente un recuerdo fugaz. Le enseñamos al sujeto cómo fijarla valiéndose del mismo procedimiento que se utilizó para la concentración, es decir, que le invitamos a acordarse de la imagen, luego le pedimos detalles, y de ser necesario extraer de esta imagen los detalles que le falten, fijándose en la rápida impresión que fluye por la mente con cada pregunta. Por ejemplo, si la imagen ha sido la de un coche cuyo carruaje no veía, le decimos: ¿a su parecer tiene uno o dos caballos? ¿de qué color le parece que son? En cuanto sentimos que le cuesta, cambiamos de imagen, y al cabo de muy poco tiempo conseguimos el grado de fijeza requerido, de lo contrario, se demostraría que el sujeto está sujeto a preocupaciones que conviene eliminar.

Siendo limitado el mundo que rodea el subconsciente, la imagen proyectada gracias a la concentración andaría vagando sin rumbo fijo si no se hiciera el esfuerzo de orientarla. Ahora bien, es precisamente el carácter de dicha orientación la que va a definir, como ya se ha dicho, una determinada facultad supranormal. El procedimiento que acabamos de indicar constituye la primera etapa del desarrollo, el de la orientación, es la segunda fase. El primero es común para todas las facultades, no será necesario hablar más de él. El segundo, por el contrario, varía con cada una de ellas y vamos a tratar cada caso.

La videncia

Empecemos con la más sencilla de las facultades supranormales, o sea la videncia directa o doble visión. Sabemos que consiste en la visión en plena conciencia de un lugar o una escena alejada que el sujeto desconoce, o bien en leer el pensamiento de alguien, o en la percepción del carácter e intenciones de una persona desconocida y fuera del alcance visual o auditivo. Por ejemplo, en un caso que se observó, un joven que vive en Francia toma en manos una carta de su hermana que vive en Rusia, y al contacto con el sobre describe el piso que ella ocupa y que no ha visto nunca. A su madre, que está presente y conoce la vivienda, le parece exacta la descripción, excepto por un tapiz, pero la siguiente carta de la hermana anuncia un cambio en el tapiz que corrobora la visión del joven. Otro ejemplo: le pido a un sujeto que me describa la apariencia y el carácter de personas que voy a encontrar y que ni él ni yo conocemos. Luego de ver dichas personas se corrobora que la descripción realizada fue exacta.

Cómo provocar el fenómeno

Para hacer surgir la habilidad de la doble visión, solo hace falta, en principio, establecer una asociación entre la imagen, punto de partida, y el lugar o la persona que deseamos que aparezca en la visión. Para ello, evocamos en el cerebro del sujeto todas las transiciones necesarias de manera de darle un hilo conductor. Por ejemplo, si le pido que visite el despacho de una persona que vamos a llamar el señor F que él no conoce, pero yo sí, le digo que piense en mí y luego en el señor F a través de mí, luego en la casa del señor F, y para terminar en su despacho. Ya que el sujeto ya no está en el subconsciente, gracias a las operaciones preliminares, el pensamiento de mi propia imagen le induce a percibir no las asociaciones que están en sus recuerdos sino las mías, entre las cuales las del señor F que le he sugerido. Así entra en mi atmósfera, luego en la de F, de ahí a la casa y finalmente llega a tener una representación del sitio indicado, los detalles del despacho surgen espontáneamente y entonces solo tiene opciones de sobra para describirlos. Esta forma de actuar es más sencilla de lo que se suele pensar. Cuando la persona tiene dotes para la videncia, caso que se da muy a menudo entre las mujeres, el fenómeno de videncia se manifiesta casi de inmediato. Hasta puede ocurrir que las imágenes espontáneas y desconocidas evocadas por las primeras palabras del operador en la fase del principio, se correspondan con lugares o escenas reales, totalmente desconocidas por el sujeto. La palabra castillo por ejemplo hace surgir la imagen de un castillo que existe realmente en Francia o en otro lugar que está conectado al cerebro del sujeto por casualidad, y luego averiguamos que la imagen se ajusta con la realidad, o que la escena estaba de verdad cumpliéndose en el momento de la visión. Cuando por el contrario es más difícil guiar a la persona, actuamos en un ámbito más restringido del que he señalado en primer lugar. Multiplicamos las transiciones y las asociaciones de detalles. Para empezar, la hacemos visitar un sitio familiar y cercano, como la habitación que se encuentra a su lado, luego un espacio menos conocido y así sucesivamente. Este método progresivo nunca falla, a condición de que el sujeto y el experimentador tengan la paciencia necesaria: solo es una cuestión de transición.

¿Qué hacer en caso de complicaciones?

Sin embargo, se puede encontrar dos grandes dificultades. La primera es cuando el sujeto, en vez de dejarse llevar pasivamente, regresa sobre sí mismo. En ese momento entra en su subconsciente y tan solo encuentra como una asociación sus propias imágenes, se ha cortado el hilo conductor. Esto ocurre cuando el operador carece de calma y precisión y la persona está activa, susceptible o nerviosa, cuando uno de los asistentes realiza una pregunta inesperada, o cuando algún ruido del entorno desvía la atención; sobre todo mientras el sujeto reflexiona sobre la operación y duda de su eficacia, sea por la falta de confianza en sí mismo, o por el efecto de sus lecturas. En este último caso, impregnado de ideas preconcebidas sobre el psiquismo, ideas más o menos ciertas, comenta sus impresiones, las critica y quiere explicarlas con las hipótesis que conoce. Naturalmente, trabaja en un circuito cerrado, y todo tiene que empezar de cero. Como remedio a esta dificultad podemos detener la experiencia e insistirle a la persona para que permanezca lo más tranquila que pueda, y como normalmente duda de la realidad de sus impresiones subjetivas, se procura dejar claro que el punto de partida del entrenamiento a las facultades supranormales debe encontrarse obligatoriamente en sí mismo, los primeros fenómenos supranormales están impregnados de recuerdos y mezclados con los fenómenos normales de la imaginación. El retorno al subconsciente se produce cuando una preocupación, más o menos consciente, recorre a la persona, pero no se trata de otra cosa más que de la consecuencia de la falta de atención del operador, que ha dejado un intervalo demasiado grande entre dos preguntas; el sujeto abandonado a su suerte, se ve recogido por sus propias influencias. Es devuelto al estado neutral a través de contra-imágenes, pero lo mejor es cuidarse y evitar toda distracción, ya que una continuidad suficiente no deja lugar a las preocupaciones.

Cómo rectificar cuando el sujeto va por el mal camino

La segunda dificultad proviene de la facilidad con la que el sujeto puede perderse cuando se separa de su subconsciente. El vínculo entre sus pensamientos y las imágenes del lugar que debe examinar es débil y sutil; las corrientes opuestas generadas por el insospechado ambiente o por los centros energéticos de la conciencia, pueden romperlo o desviarlo; por otro lado, cada imagen se asocia a un número infinito de otras imágenes, cada una de las cuales posee un número infinito de asociaciones. La persona puede ser sacada de la vía sugerida y tener una visión errónea. Por ejemplo, verá en una casa una escalera que ya no existe, o que ha sido proyectada sin ejecutarla; verá imágenes y escenas parásitas que se mezclarán con la realidad. Este inconveniente se evita al observar con atención las respuestas y compararlas con aquellas experiencias precedentes que la doble vista ha proporcionado, de manera que pueda identificar el momento en el que el sujeto va por el mal camino y poder rectificarlo. Además, se procura expresarse con claridad, de forma directa, y evocando asociaciones lógicas. De hecho, veremos un poco más adelante en la exploración de mundos invisibles, un procedimiento que permite obtener una visión de doble vista exacta.

Se sabe que ciertas personas obtienen fenómenos de doble vista durmiendo al sujeto con pasos magnéticos y al ponerle en las manos, como hilo conductor, un objeto de un lugar que se quiera hacerle ver. El sueño lúcido entra en los fenómenos psíquicos y permite igualmente hacer aparecer ciertas facultades supranormales, pero es inferior al proceso expuesto en este estudio, por lo que no lo comentaré, con el fin de presentar un método desconocido y mucho más fructífero. El sueño lúcido tiene, de hecho, el inconveniente de cansar al sujeto rápidamente, de orientarlo hacia corrientes inferiores y de no dejarlo actuar en plena consciencia, pese que al despertarse no recuerda sus visiones. Además, para responder a las preguntas que se le hacen, está obligado, la mayoría de las veces, a atravesar corrientes complejas y con frecuencia dolorosas que lo hacen perderse y muy difícil de dirigir. Esta dirección tan solo puede obtenerse, en ciertos casos, a través del contacto material, por ejemplo, al tocar un objeto que haya pertenecido a la persona a la que se quiere mostrarle; este método inferior y desprovisto de control en sus efectos es inútil con respecto al método que expongo. Se puede añadir finalmente que este permite, si así desea, llevar al sujeto hasta el sueño; basta con acentuar la concentración de pensamiento y aumentar lo que he denominado como la conexión: las imágenes se vuelven, en ese caso, bastante fuertes para entrenar al sujeto y conducirlo a esta especie de exteriorización a la que se llama sueño sonámbulo; de esta forma, se evita los pasos magnéticos, no se priva al sujeto de su consciencia y se mantiene las facilidades para despertarlo.

Entrenamiento de la lectura del pensamiento

El procedimiento que acaba de explicarse concierne al entrenamiento de la doble visión de las localidades; sirve al mismo tiempo tanto para la lectura del pensamiento como para la percepción de los caracteres. Consiste en establecer las asociaciones necesarias entre la imagen de salida y la persona a estudiar. Cuando el sujeto está adecuadamente entrenado, la asociación se reduce a la simple pronunciación del nombre de aquel a quien debe visitar, incluso cuando no se le conoce y nunca se le ha visto. El nombre hace surgir inmediatamente el aspecto de la persona y permite una descripción física muy exacta; el sujeto pasa a continuación al examen moral y puede hacer un cuadro del carácter y de las tendencias, tan completo como se desee. El grado de precisión de las respuestas depende únicamente de su cultura literaria. He constatado muchos casos donde la personalidad se describía con una precisión mayor de la que se podría emplear con nuestros conocidos más cercanos. El hecho de que baste con pronunciar simplemente el nombre de una persona para provocar un cuadro tan profundo como se quiere de su naturaleza, suscita una verdadera sorpresa entre los asistentes a las manifestaciones de visión doble y provoca la incredibilidad entre el resto. Esto se puede explicar fácilmente al recordar que el cerebro funciona como un aparato de telegrafía sin hilo y, por ello, puedo conectarse con diferentes centros de emisión y de recepción.

La individualidad a examinar es un centro de emisión y de recepción; su nombre constituye la palabra que presenta el mayor número de asociaciones posibles en el subconsciente y pone en juego el mayor número de imágenes; su pronunciación determina una onda vibratoria que despierta sus propias vibraciones por afinidad y que genera una corriente que la conecta al sujeto. La velocidad de propagación de estas ondas es tan alta que la distancia no influye, todo ocurre como si el sujeto estuviese contra él y en su aura.

El entrenamiento de otros sentidos

Tan solo se ha hecho hecho alusión a las imágenes visuales, pero la facultad se extiende en otros sentidos; el sujeto también puede percibir sonidos, olores, palabras alejadas. El entrenamiento se hace del mismo modo, pero con un poco más de dificultad; la atención se centra sobre las imágenes auditivas u olfativas en lugar de las imágenes visuales. Ciertos sujetos no pueden separar la impresión auditiva de la impresión visual. En las sesiones de visión doble hechas durante la guerra, el sujeto veía el combate al mismo tiempo que escuchaba el ruido del cañón, el grito de cólera o de triunfo de los hombres, el sonido de los coches.

La visión doble es la facultad más fácil de obtener y la menos interesante, en comparación con las otras. Puede servir a los intereses prácticos, pero no al conocimiento, ya que no aporta ningún elemento que no se pueda conseguir a través de otras vías. Su principal ventaja es el hecho de demostrar con pruebas la existencia de las facultades supranormales. El escéptico que verifica la realidad de una escena descrita por la vidente y que se realiza en el mismo momento que la visión a gran distancia, deja de ser necesariamente incrédulo.

Retrospección y premonición

Hay que tener en cuenta ahora el desarrollo de otra facultad supranormal, la de la visión retrospectiva o premonitoria. En este caso, el sujeto describe acontecimientos ocurridos en un pasado lejano o representa escenas que ocurrirán en el futuro. Por ejemplo: le pido a una de las videntes que trabajan conmigo que piense en el pasado y el futuro de los medios de comunicación auditivos a distancia, lo que se traduce actualmente por teléfono. En el pasado, tiene una visión de los esclavos orientándose primero por el sol, y después, tras la puesta del sol, por las ondas transmitidas por las corrientes magnéticas de la tierra; la vidente indica que es así como ciertos pueblos salvajes han podido comunicar mensajes a larga distancia con una rapidez inconcebible para los europeos. Para el futuro, ve que los hombres conversarán a distancia gracias a un aparato, del tamaño de un reloj, que funciona con ondas analógicas y ondas hertzianas y que les permitirá comunicarse con sus amigos, incluso paseándose por la calle. Basta con dirigir una aguja a la cifra que corresponde a su amigo, y esperar mientras mantienen el aparato en la mano. El amigo escucha el ruido producido por su aparato, que es similar, lo toma, y las vibraciones se transmiten por las corrientes nerviosas del brazo, permitiendo que ambos se comuniquen, como si caminasen juntos, sin la necesidad de llevar el instrumento cerca de la oreja o de la boca. La vidente anuncia que una serie de aparatos menos perfectos se inventaran primero. Le pido a continuación que se transporte, no unos siglos, sino miles de años. El aparato que acaba de describir le parece tosco y abandonado desde hace ya mucho tiempo; los hombres ya no tienen necesidad de instrumentos para conversar desde la distancia; su equilibrio físico se ha desarrollado tanto que pueden intercambiar sus pensamientos a distancia tan solo con su voluntad; todo el mundo realiza con normalidad la facultad de la clarividencia y de la clariaudiencia. Todas estas descripciones no son evidentemente controlables debido al intervalo de tiempo transcurrido, pero la vidente también depende de los acontecimientos anticipados que pueden ser verificados. La guerra de 1914 se me anunció así por adelantado con su estructura general y algunas de sus fases: por ejemplo, el ataque del Camino de las Damas, que tuvo lugar a finales de mayo de 1918 se me pronosticó en enero con la indicación de que habría una ruptura del frente, la angustia general, la detención del enemigo a tiempo, y que después, el generalísimo mostraría todas sus cartas y forzaría a los alemanes a retirarse a la época de los primeros brotes.

¿Son diferentes las visiones del pasado y del futuro?

Sin embargo, existe una diferencia esencial entre las visiones del pasado y las del futuro. Las primeras son más fáciles de obtener, ya que conciernen acontecimientos ya pasados, de los cuales las imágenes que los componen están, por lo tanto, definitivamente asociadas. Las segundas exigen un esfuerzo de combinación y tan solo aparecen como posibilidades o tendencias; no difieren de otras imágenes por la claridad visual, que solo depende del estrechamiento, más o menos grande, de la consciencia, sino por la manera en la que se conforma las corrientes resultantes, que a través de su convergencia provocan la aparición de la escena que está por venir. El sujeto percibe, de hecho, en el ambiente de todas las personas un grupo de imágenes flotantes, que implican diferentes posibilidades de acontecimientos futuros según su situación respectiva y de las cuales dependen las combinaciones finales de influencias múltiples. Este es el motivo por el que, en la premonición, el sujeto está obligado a establecer una especie de juicio instantáneo para fijar la asociación probable de los elementos que entran en la pregunta realizada; opera como con los juicios ordinarios, con la diferencia de que posee medios de apreciación más sutiles y profundos que los medios que poseemos en la vida diaria. En ciertos casos, el trabajo de apreciación puede evitarse y solo tiene que mirarlo; la imagen de la escena futura se presenta en el campo de la visión interna; esto se produce cuando el acontecimiento venidero está claramente escrito en la mente de quienes van a realizarlo, o cuando es una forma de pensamiento resultante de centros de consciencia que ya han realizado el trabajo de combinación, o, por último, cuando existe un carácter de fatalidad. Pero, en general, las videntes no consideran jamás el futuro como algo rigurosamente determinado; por ello las premoniciones presentan con frecuencia errores y se deben contemplar siempre como simples probabilidades. De este modo los pronósticos que me habían proporcionado sobre la guerra no se cumplieron en su totalidad; por ejemplo, varias videntes no fueron conscientes de la revolución rusa y veían el fin de la guerra determinado por el ejército ruso; sus combinaciones se habían hecho con elementos incompletos.

Entrenamiento en la retrospección y en la premonición

El desarrollo de la visión en retrospectiva o premonitoria comienza, como se ha explicado, con la evocación de imágenes concretas y con su concentración sucesiva, para liberar al sujeto se aleje de su subconsciente. Cuando esta frase introductoria termina, en lugar de desviar la imagen en una dirección determinada a través de una serie de asociaciones siguiendo el procedimiento indicado para la visión doble, se mantiene, al por el contrario, en el campo de la consciencia; después se invita al sujeto a realizar un esfuerzo de memoria, como se hizo en la práctica del recuerdo; o incluso a considerarla con un esfuerzo de retroceso. De este modo, no se hace que surjan las asociaciones del presente como en el caso de la visión doble, sino las del pasado. De hecho la concentración del pensamiento es mantenida sobre la imagen que escogió como eje, y el pensamiento del recuerdo despierta todas las asociaciones anteriores. Estas se presentan en orden sucesivo, pero la sucesión es una operación del tiempo, existe un efecto de perspectiva temporal y, por lo tanto, visión del pasado;

la época se encuentra determinada por el modo en el que se fija el punto de vista. Se facilita el trabajo mental del sujeto al comenzar con la imagen de un objeto familiar sobre el que se realiza una serie de preguntas, hasta que el sujeto llegue al límite de sus recuerdos; a partir de ese momento, se continúa presionándole, de forma analógica, pero pidiéndole que sea tan pasivo como le sea posible y que aproveche todas las impresiones, sin importar lo breves que sean, que susciten las preguntas.

Cómo ejercer

En caso de necesidad se le ayudará con preguntas sobre el pasado del objeto, evitando dejarlo buscar por sí mismo y utilizar su imaginación activa, ya que la imagen respuesta debe aparecer en el campo de su consciencia espontáneamente y sin sufrimiento. Siempre se llega al resultado deseado, y con mucha más facilidad de la que cabría esperar, siempre y cuando se haga al sujeto pasar por las transiciones necesarias. Suponiendo por ejemplo, que el sujeto sea un músico; se concentra su pensamiento sobre su piano, se hace que recuerde el historial más o menos rápidamente, después con entrenamiento se le invita a representarse con su piano a través de un pensamiento de origen. Esto hace surgir una idea de construcción en su cerebro y, como se encuentra fuera de su subconsciente, percibe impresiones que provocan el despertar de las imágenes del pasado y que le permiten relatar lo que ocurrió en la construcción. Una persona que trabajaba conmigo este tipo de facultad por primera vez, vio así, a continuación, surgir dos auras que reconoció ser las de los obreros que construyeron el piano: el carpintero y el instalador de las cuerdas. Esto le permitió describir sus personalidades. Podría haber detallado con mucha facilidad las circunstancias en las que se construyó el piano, si hubiese insistido.

Particularidades de la premonición

La visión del futuro se obtiene de manera similar, con la diferencia de que se invita al sujeto a observar el objeto, pero sin un efecto de retroceso, sino con el pensamiento de un avance en el tiempo. El sujeto presenta las imágenes en formación, las combina instintivamente y ve su resultado. Este resultado constituye una premonición cuya posibilidad de realización depende de la manera en la que se haga. En principio, las imágenes se combinan entre ellas debido a sus intensidades, a sus afinidades, y a su respectivo contraste, y no por el orden de sucesión; el tiempo no aparece y por ello es difícil para los videntes el predecir la fecha de un acontecimiento; la sucesión que hizo posible precisar las épocas en las que las visiones del pasado no existen para el futuro, ya que el acontecimiento puede retrasarse o adelantarse a voluntad y tan solo se sitúa en el tiempo de una forma incierta. La combinación de las imágenes sigue dependiendo de su nombre, de la importancia recíproca, de la facilidad con la que sus elementos característicos se pueden apreciar y del carácter del acontecimiento futuro. Es necesario por tanto un cierto grado de entrenamiento para establecer una premonición compleja. Es evidente que una persona, al principio, tan solo pueda acoger un número limitado de imágenes y que la probabilidad de ver su premonición realizada es muy baja. Al sujeto se le ayuda al ejercitar su capacidad para agrupar las imágenes al dirigir su atención hacia las preguntas y al acercarlo a puntos de vista diferentes, de manera que encuentre los controles por sí mismo. La manera de guiar al sujeto desempeña un papel preponderante en el valor de la premonición.

¿Podemos comunicarnos con otros mundos?

Ahora se abordará el desarrollo de la facultad supranormal que permite la exploración de mundos invisibles. Se realizó la fase de inicio, después en lugar de dirigir al sujeto al medio de asociaciones sucesivas, se le deja orientarse por sí mismo invitándolo a girar en torno a una imagen, o a dejarla fermentar de alguna manera en su pensamiento, para después buscar entre sus impresiones más breves y más o menos fiables que atraviesan su consciencia, aquella que le parezca la más curiosa, extraña o destacable. Se le pide precisar su visión al solicitarle todas las aclaraciones necesarias tanto en la propia escena como en lo que puede añadir. En ese momento se ve surgir visiones inusuales, cada vez más curiosas y acompañadas de sensaciones desconocidas en el estado común.

Las precauciones a tener en cuenta

Es importante, por lo tanto, el tomar una serie de precauciones. En primer lugar, hay que observar las respuestas sin ideas preconcebidas. Todos estamos impregnados de fenómenos, de escenas, de paisajes y de leyes de nuestro mundo; además, rara vez concebimos lo que nunca hemos visto o sentido, y nos sentimos tentados a rechazar las descripciones que nos da el sujeto en lugar de profundizar. La vidente con frecuencia se sorprende de su visión tanto que no se atreve a liberarla. Invariablemente, es necesario, en las primeras sesiones, el insistir para que el sujeto describa lo que percibe, ya que las cosas que ve, los espectáculos a los que asiste le parecen extraños, inconcebibles o incoherentes; está en la situación de un habitante de otro planeta que se encuentra entre nosotros y le asombran nuestros objetos, nuestras costumbres y nuestras tradiciones; probablemente los encontraría tan absurdos que no comprendería los vínculos lógicos. Es necesario continuar con el estudio de este tipo de visión para percibir la razón de ser, de lo que al principio parecía una fantasía imaginativa, y para entrever todo un mundo de leyes nuevas y de vidas insospechadas. Por lo tanto, es indispensable el permanecer neutro y no sorprenderse al escuchar al sujeto con el fin de poder asimilar los espectáculos descritos, de acercarlos entre sí y de establecer las comparaciones que permitan conectarlos y comprenderlos.

Cómo guiar al sujeto con éxito

Teniendo en cuenta esta primera precaución, será necesario someterse a una nueva obligación, no menos indispensable, que consiste en mantener al sujeto dentro del entorno de la visión, evitar preguntas incoherentes y, sobre todo, evitar saltar de una pregunta a otra sin preparación. Es necesario intercalar siempre un estado de reposo entre dos peticiones diferentes. Por ejemplo, si el sujeto describe un espacio poblado por seres diversos y compuesto por extensiones formadas por coloraciones especiales, debemos centrarnos en un elemento de la escena sobre el cual solicitaremos todas las aclaraciones que consideremos útiles y a continuación pasaremos al siguiente elemento, sin brusquedad, y así sucesivamente hasta que consideremos adecuado cambiar la naturaleza de la petición, momento en el que aconsejaremos al sujeto salir de la visión y descansar y esperaremos a que nos indique que está preparado para el cambio. Con el tiempo, esta operación se lleva a cabo con rapidez y el descanso tan solo dura unos segundos, pero es imprescindible realizarlo ya que, en caso contrario, se produciría una fatiga creciente acompañada de confusión en el sujeto que no tardarían en desanimarle. Nos es fácil comprender que un aparato eléctrico ultrasensible no pueda recibir al mismo tiempo diferentes comunicaciones sin problema, si no estuviese ajustado con cada una de ellas después de cada cambio, de forma que diferencie y separe las ondas recibidas. Lo mismo ocurre con la psique humana. Desafortunadamente, la mayoría de los que interrogan a un/una vidente ignoran esta regla y hacen preguntas al azar sobre sus impresiones; esta es una de las razones por la que con frecuencia se obtienen resultados incoherentes y contradictorios.

Al dejar al sujeto orientarse por sí mismo y al tomar las precauciones que acabamos de mencionar, no solo obtenemos visiones curiosas e inéditas, sino que también se obtienen visiones de diferentes calidades. Sabemos que, independientemente de la representación que haga surgir en la mente, la imagen aporta una impresión calificativa; parece pesada y tosca o liviana y sutil y por ella misma es agradable o desagradable, estética o fea y presenta todos los matices posibles entre estas dos características extremas. La imagen de un parterre de flores puede dar una sensación de opacidad o de fluidez, de colores materiales o de luces de colores infinitamente suaves, vulgares o armoniosas. Al recorrer la gama ascendente de estas impresiones, el sujeto tiene el sentimiento de atravesar planos sucesivos formados por materias cada vez menos densas y de sentir vibraciones cada vez más armoniosas a medida que asciende hacia una luz, cada vez más maravillosa. Esta particularidad de las imágenes da lugar a una nueva posibilidad de error en las respuestas y a una nueva dificultad para el experimentador. En efecto, la imagen que evoca la palabra pronunciada toma, según las circunstancias y la disposición del sujeto, un determinado grado de calidad que tiene como efecto situar a este último en el plano correspondiente. La visión que se desarrolla a continuación constituye, en general, un elemento de exploración del plano, pero puede suceder que, a causa de las preguntas realizadas o de su estado mental, el sujeto cambie inconscientemente de plano. Debido a que los modelos de dos planos distintos son diferentes, se produce una perturbación en el juego de las imágenes, la visión se convierte en errónea y las indicaciones dadas son confusas. Esto se aprecia en una cierta discordancia que se manifiesta durante la asociación de imágenes y por la calidad comparativa de las impresiones experimentadas.

El doble juego del descenso y del ascenso

Para remediar este inconveniente podemos enseñar al sujeto a «ascender o descender», de manera que podamos reconducirlo a un plano concreto. Conseguimos el estado psíquico del ascenso por medio de la representación imaginaria de una ascensión real. Evocamos la imagen de una escalera de cualquier tipo o de una aeronave e invitamos al sujeto a situarse imaginariamente sobre uno de estos objetos y a lanzarse al espacio desde el mismo. La representación del ascenso produce un sentimiento interior de elevación verdadero que se caracteriza por un cambio completo de la naturaleza de las visiones. Si el sujeto ya ha sido instruido en el desarrollo de una de las facultades supranormales, simplemente le pedimos que se concentre y que se relaje para que obtenga la misma sensación de ascensión y de cambio de sensaciones, con la diferencia de que en este caso la operación es mucho más rápida. El estado psíquico de descenso se obtiene de la misma forma. El doble juego del descenso y el ascenso permite devolver al sujeto al plano que ha dejado accidentalmente, pero debido a que la operación resulta complicada como consecuencia de las oscilaciones y requiere mucha experiencia y habilidad, es preferible evitar que el sujeto se salga de su plano de análisis. Esto lo conseguiremos observándolo atentamente o, dicho de otra manera, acompañándolo en el pensamiento. Como todo pensamiento provoca la emisión de un cúmulo de fluidos, al operar de esta forma, establecemos una corriente sobre la que el sujeto se apoya para observar sus imágenes y retenerlas. Efectivamente, el experimentador constata que toda distracción por su parte se acompaña de una disminución de la visión o de una variación anormal en la composición de las imágenes y, en general, de un descenso a un plano inferior.

El entrenamiento del sujeto en ascender o descender o, en otros términos, en ser sensible al grado de sutileza y de armonía de las vibraciones, no solo permite fijarlo en el mismo plano, sino que también le proporciona el medio para realizar una exploración tan extensa como le permita su evolución, ya que la altura de ascensión depende del grado de evolución del sujeto. Además, facilita la práctica de la doble visión y de la visión en el tiempo. En la doble visión obtenida por medio de una operación directa, es decir, por el procedimiento que hemos descrito, la gran cantidad de asociaciones que se hacen alrededor de una imagen, pueden producir confusión en las corrientes ocasionadas por las imágenes afines y, por ello, perder al sujeto. También es preferible hacer ascender al sujeto en primer lugar a un plano armonioso, en lugar de dirigirlo al plano inferior de las visiones materiales. Una vez realizada esta operación, esperaremos a que se estabilice y le indicaremos el lugar o la persona que queremos que estudie. Cada imagen posee su correspondencia en todos los planos; aquellas que son correlativas al lugar o la persona se representan en el plano superior, donde se sitúa el sujeto, pero con una especie de transposición de orden estético o metafísico. Como resultado de la pregunta realizada, el sujeto se orienta por esta representación sin error, gracias a la armonía del plano. A continuación, por medio del procedimiento de descenso, realiza de forma instantánea la transposición inferior, es decir, que se encuentra de repente en el plano de las visiones materiales y en contacto, dentro de ese plano, con las imágenes adecuadas al lugar o la persona. De esta forma, se comporta como un viajero que, para llegar a un sitio concreto en un valle de difícil acceso, sube primero a la cumbre de la montaña colindante. Desde ahí, estudia todos los detalles del valle, identifica el punto al que quiere llegar y desciende directamente sobre él, evitando así rodear la falda de la montaña y atravesar pantanos, setos, barrizales y otros obstáculos que, al impedir su visión, le hacen perder el sentido de la dirección y pueden hacer que se pierda. Este es el motivo por el cual el sujeto guiado de esta forma puede realizar una videncia precisa y digna de confianza. Este proceso es más largo que si se utiliza el método directo, pero aporta resultados seguros.

Contactar con extraterrestres

La exploración de lo invisible nos muestra la existencia de un número indefinido de mundos, poblados de una variedad innumerable de seres, o centros de energía conscientes. Algunos de estos seres entran en contacto con el sujeto a través del pensamiento, le aclaran y le guían en la exploración, pero otros, al contrario, intentan engañarlo o alejarlo. Esto depende de la naturaleza de estos seres, de la calidad del medio al que el sujeto se ha elevado, del objetivo perseguido por el sujeto y de su estado psíquico. También es necesario en estas exploraciones tener en cuenta la influencia que estos centros conscientes pueden ejercer sobre las visiones, lo cual no es tarea fácil.

El control directo de las descripciones hechas por el sujeto, que es fácil en el caso de la doble visión, no es siempre posible en las visiones retrospectivas o premonitorias y se convierte en imposible en la exploración del mundo invisible. Podemos entonces cuestionarnos el valor de las descripciones realizadas por el/la vidente y, suponiendo incluso que sean en parte verdaderas, ¿cómo podemos distinguir las verdaderas de las falsas y reconocer el rol de su imaginación, es decir, del uso que puede hacer de su subconsciente? Esta dificultad ha detenido a muchos investigadores, a pesar de que resulta más aparente que real y se debe al desconocimiento del funcionamiento de la imaginación. Existe un gran interés en no detenerse ahí. Efectivamente, si evitamos que el sujeto trabaje en la imaginación activa, lo que se consigue fácilmente con un poco de práctica, obtenemos imágenes espontáneas que provienen bien de una fuente desconocida, y, en ese caso, siempre resultan interesantes para ser investigadas, bien de un juego instintivo del subconsciente como en los sueños. Sin embargo, todavía queda materia por investigar en este campo, ya que estamos en condiciones que nos permiten guiar el sueño y, por lo tanto, de experimentar y determinar sus leyes, lo cual no se ha podido hacer, excepto en raras ocasiones, hasta este momento. Existe, por lo tanto, interés por estudiar el mundo de las imágenes desconocidas que surgen de la videncia, no solo porque puede dar como resultado el conocimiento de nuevas leyes, sino también porque el sujeto percibe impresiones extrañas y experimenta emociones a veces muy bellas y poderosas que vale la pena investigar.

Verificaciones cruzadas

El interés por hacer verificaciones cruzadas se hace más evidente si consideramos que cuando las empleamos podemos saber qué garantía puede atribuirse a las visiones que no controlamos directamente. Sabemos que en topografía la posición de un punto inaccesible se determina dirigiendo sobre él varios blancos realizados sobre una base específica. El primer blanco aporta al dibujo una línea que pasa por el punto, pero que no lo sitúa; los otros blancos determinan una serie de líneas que pasan igualmente por el punto y este, que debe de estar obligatoriamente sobre todas ellas, se encuentra en sus puntos de intersección y está fijado exactamente en el centro de la pequeña figura geométrica que forman estos puntos de intersección. Pues bien, nosotros vamos a proceder de una manera análoga con las visiones inaccesibles a nuestro control directo:

1. Consideraremos, en primer lugar como una contribución positiva las palabras pronunciadas por la vidente, sin tener en cuenta su sentido, más o menos singular y esta será la base de nuestro método.

2. En segundo lugar, orientaremos varios videntes hacia el mismo tipo de imágenes, considerando que cada una de ellas ignora lo que las otras hayan podido decir.

3. En tercer lugar, cambiaremos los operadores para evitar cualquier lectura de pensamiento.

4. En cuarto lugar, compararemos los resultados ob-

tenidos y solo conservaremos los restos, es decir, las descripciones similares.

5. En quinto y último lugar, examinaremos el grado de concordancia entre estos restos y el grado de compatibilidad con las experiencias vividas por otros operadores, no solamente en el momento actual, sino también en el pasado.

En resumen, estudiaremos el mismo grupo de imágenes cambiando las videntes y los experimentadores para eliminar influencias personales y tan solo tendremos en cuenta los resultados idénticos. Estos resultados, por el mero hecho de ser independientes de los observadores, lógicos y concordantes con aquellos que aportan estudios similares, deben, evidentemente, corresponder a una realidad, ya que tan solo podemos saber que un objeto está fuera de nosotros y no es una ilusión de nuestros sentidos, cuando es percibido por todos.

La necesidad de ser paciente

Este método de verificación cruzada es, por tanto, puramente de carácter científico y nos permite reconocer lo que es importante en la exploración del mundo invisible. Es un método largo y requiere paciencia; a veces hacen falta varios años para encontrar visiones comparables, pero termina, más tarde o más temprano, determinando lo que es necesario rechazar o conservar. Indica también que una visión aislada tiene una importancia relativa y que su único valor es la concordancia con el resto de imágenes. Las visiones son comparables a las cartas de un solitario, que no tienen ningún significado individualmente, sino que lo adquieren al juntarlas.

Interpretar los símbolos

La operación de ascenso o descenso permite dar a el/la vidente novel la facultad del sentido de los símbolos, es decir, el don de formarlos o de interpretarlos. Hemos dicho que una imagen reaparece en planos sucesivos con una especie de transposición que hace que pase progresivamente de una representación objetiva a una idea metafísica. Por ejemplo, un sofá sirve para descansar y esta es la noción que evoca; a la inversa, el pensamiento de un descanso confortable concreto sugiere la imagen de un sofá. Según el plan previsto, existirá la idea del descanso o la forma material del mismo. Esta correlación de lo propio y lo figurado constituye la base de las metáforas y de las obras simbólicas. Estas obras, al basarse en conceptos demasiado sutiles o demasiado profundos para ser accesibles al público en general, expresan esos conceptos de una forma concreta y correlativa de una serie de ideas abstractas. Es por este motivo que la humanidad posee un cierto número de obras que parecen, en apariencia, describir únicamente los hechos que pertenecen a la vida corriente y que, en realidad, esconden un simbolismo profundo destinado a esclarecerla y a guiarla. La interpretación que resulta complicada en el estado normal de nuestros pensamientos, se convierte en sencilla para el/la vidente.

Esta facultad se obtiene simplemente invitando al sujeto a visualizar la imagen simbólica y a continuación a descender progresivamente: este percibirá así el sentido del símbolo por degradaciones sucesivas. A la inversa, al hacer ascender al sujeto, obtenemos respuestas bajo la forma de una imagen: algunos poseen esta facultad hasta un nivel tal que dan sus respuestas solo en modo simbólico.

Un instrumento extremadamente sensible

Cuando invitamos a un/a vidente a que concentre su pensamiento en una imagen o un grupo de imágenes, sin intención de llevarla hacia una asociación de pensamientos y hacemos que descienda y examine los elementos constitutivos de esta imagen, esta percibe la característica íntima de la misma y alcanza a ver el mecanismo interno. Aparece así una nueva facultad que consiste en la constatación inmediata de las leyes naturales y de su comprensión, que aporta como resultado, la posibilidad de continuar investigaciones científicas con medios incomparables. El/la vidente constituye, en este caso, un instrumento admirable, extremadamente sensible, consciente de la investigación, en la que participa y a la que ayuda de forma inteligente. Penetra en la estructura íntima de las cosas, prolonga la percepción como se prolonga la visión del espectro en los rayos infrarrojos o ultravioletas y revela al investigador conceptos insospechados para él. Si a continuación el/la vidente asciende lo más alto posible mientras mantiene su pensamiento en la imagen, la ve en su esencia y le muestra el principio. Sin embargo, esta nueva facultad conlleva a una dificultad, o más bien una necesidad especial: es imperativo que la vidente o el vidente conozca los elementos de la ciencia sobre los que debe profundizar; es evidente que no se puede plantear un problema de matemáticas a quien no comprende su enunciado. Además, es difícil servir de guía cuando uno mismo avanza a tientas por lo desconocido.

Un número indefinido de facultades

La presente facultad es la última que puedo presentar al no haber tenido el tiempo de estudiar otras por haber estado centrado en las que acabo de exponer; ya que estas, no solo son muy cautivadoras, sino que también presentan un campo de investigación ilimitado, sobre todo la que permite la exploración de lo invisible. Es fácil concebir, teniendo en cuenta lo anterior, que la psique humana puede adquirir un número ilimitado de facultades. Puede crear la misma cantidad de maneras de orientar o de activar la imagen tras la concentración, y debido a que la imagen constituye, de alguna forma, un pequeño mundo con ramificaciones en todos los sentidos y que posee facetas infinitas, ofrece un número ilimitado de orientaciones y de modos de transformación que se traducen por igual número de facultades.

Tratar con consideración a los sujetos

Ningún trabajo mental podría durar más allá de un cierto límite sin fatigarse; conviene, por tanto, detener las sesiones de videncia al cabo de una hora o dos; la duración depende de la naturaleza del sujeto, de su estado psíquico, de las circunstancias, así como de la variedad de las preguntas realizadas, ya que su abundancia es causa de fatiga. El/la vidente, pese a que mantiene durante la sesión una cierta consciencia del ambiente, se encuentra en la situación de una persona inmersa en un profundo sueño, a la que cualquier movimiento brusco la hará sobresaltar. Es por lo tanto necesario hacer que pase de la visión interior a la vida objetiva a través de transiciones cuyo número y naturaleza dependerán de la intensidad y de la profundidad de la visión. Con este fin, le invitaremos a visualizar, sin cortes y con ritmo, imágenes de descenso y de retorno, al mismo tiempo que se concentra en ella misma. Le facilitaremos el trabajo recordándole, en orden inverso, las imágenes más importantes que ha percibido, tras eliminar las visiones desagradables si las ha habido, de modo que le presentemos en último lugar la primera imagen de la sesión. En ese momento, le pedimos de sentirse en su sillón con la impresión de estar en la posición confortable que sentía al principio y a continuación le haremos la siguiente serie de recomendaciones, que tienen como objetivo regularizar los fluidos y las corrientes nerviosas.

Para regular las corrientes nerviosas

Piense que la sesión terminó, evocando todas las sensaciones y visiones placenteras experimentadas, con la idea de que el efecto beneficioso se mantendrá por sí solo. Respire larga y profundamente con el sentimiento de que la vida física se retomará con fuerza y buen ritmo. Reinvente una imagen de sí mismo llena salud e impregnada de corrientes llenas de una energía favorable, las cuales ha podido atravesar. Vuelva a través del pensamiento a esta imagen de sí mismo, como si se tratara de una fuente de salud y repliéguese sobre sus propias ondas. Piense que la parte cerebral situada al frente y cerca de los ojos reposa. Imagine que tiene cuatro cuerpos fluidos: el primero blanco, el segundo eléctrico, el tercero azul y el cuarto en forma de círculos concéntricos de todos los colores. Imagine estos cuatro cuerpos regresando sucesivamente a usted mismo y sobreponiéndose con el fin de confundirse: el cuarto se repliega y se conecta a los otros por los círculos. Recupere las corrientes inferiores haciéndolas circular en forma de dos ochos cruzados, como un trébol de cuatro hojas y en el siguiente orden: brazo izquierdo, pierna derecha, brazo derecho, pierna izquierda, considerando sucesivamente la corriente nerviosa, la corriente sanguínea y la corriente linfática. Imagínese a sí mismo realizando varios movimientos gimnásticos. Restablezca la visión física tratando de ver detrás de los párpados cerrados. Vuelva a abrir los ojos detrás de la mano, que continúa ocultando o más bien atenuando la luz. Retire finalmente la mano que tuvo que permanecer sobre los ojos durante toda la sesión y que debe ser retirada en último lugar, bajo el riego de experimentar dolores de cabeza.

Este proceso de regreso de fluidos nerviosos se debe hacer con mucho cuidado y debe durar unos diez minutos. Puede ser insuficiente para un sujeto muy sensible, o ser ineficaz; en este caso se debe reanudar el trabajo de representación con más cuidado y detalle. Se comienza de nuevo mediante la realización de las siguientes instrucciones haciendo que la operación dure veinte minutos.

De pie o sentado, con el busto derecho y apoyado, quédese tranquilo, cierre los ojos y haga las siguientes representaciones, agrupadas en cuatro fases:

1ª fase
1. El regreso por todas las partes del cuerpo de sus propios fluidos, o de fluidos blancos, claros, puros y vitalizantes.
2. El retorno de sus fluidos nerviosos, o fluidos plateados, electromagnéticos por el cerebro, la columna vertebral y todas las ramificaciones nerviosas.
3. El regreso de los fluidos de circulación, azules, por todos los sistemas de circulación de cuerpo.
4. El retorno de los fluidos mentales, bajo la forma de círculos concéntricos, de todos los colores, que se estrechan alrededor del cuerpo, como para atarlo y evitar que los fluidos anteriores se salgan.

Haga una respiración lenta y profunda.

2ª fase

El retorno de las antenas de emisión, sucesivamente a los doce centros siguientes: el coronal (parte superior de la cabeza), el frontal, la garganta, el corazón, el ombligo, el bazo, los genitales, el coxis, los riñones, el pulmón izquierdo, pulmón derecho y el occipucio. Haga una respiración lenta y profunda.

Haga una respiración lenta y profunda.

3ª fase

Disipe las vibraciones internas evocando una sensación de relajación y de descanso; imagine sucesivamente siete ondas esféricas blancas, cada vez más sutiles, que envuelven el cuerpo acercándose de manera reducida, de manera que finalmente sean eliminadas por el plexo solar. Respire lenta y profundamente.

4ª fase

Imagínese:

1. Una bola blanca con líquido claro en el plexo solar que luego regresa al brazo derecho hasta los extremos de los dedos después de recorrer el torso dibujando un espiral. Llévela rápidamente al plexo para conducirla a la pierna izquierda hasta el pie, y desde allí hasta el cuello, a la cabeza, haciéndole irrigar cuidadosamente el cerebelo y el cerebro, condúzcala a la pierna derecha y luego al brazo izquierdo, siempre hasta ambas extremidades, llévela al plexo solar,

con la sensación de que se cierra herméticamente.

2. La misma operación para el corazón, pero la bola está hecha de un hermoso azul vitalizante, y comience con el brazo izquierdo, para ir a la pierna derecha y continuar del mismo modo.

3. La misma operación para el hígado, con la sensación de conducir una bola amarilla, compuesta de pequeñas llamas purificadoras y de partir del brazo derecho hacia el plexo solar.

4. La misma operación para el bazo. La bola es de un rojo purificante, tonificante y comienza por la izquierda, como la del corazón.

5. Pase por la planta de los pies un fluido magnético, vitalizante que se encarna viniendo desde el centro de la Tierra, condúzcalo a través de los músculos de la pantorrilla, de los muslos, del torso, de los brazos, del cuello y del rostro.

Nota : *Si se hubiese estado en contacto con fluidos impuros o personas enfermas o insalubres, sople internamente con fuerza. Si un órgano está enfermo, detenga cada bola por un momento a través del pensamiento para estampar la acción de los fluidos.*

Estas precauciones de retorno a la vida objetiva pueden ser breves al principio, pero se convierten en esenciales cuando la vidente empieza a desarrollarse, sobre todo cuando tiende a expresarse con fuerza; en este último caso, extiende su sensibilidad a uno o dos metros alrededor de ella. Esta extensión sería perjudicial para su salud, si la misma persistiese después de la sesión. Por tanto, es necesario asegurarse de que ella realmente ha reintegrado sus fluidos, lo que se obtiene al acercar lentamente la palma de la mano levantada verticalmente hasta uno o dos centímetros del cuerpo. Cuando no se devuelven los fluidos se siente un hormigueo, mientras que el sujeto experimenta una molestia que se vuelve desagradable si nos acercamos demasiado rápido, o si se apunta la mano hacia ella. El hecho de que el sujeto y el operador no experimenten ninguna sensación indica que existe una plena reintegración de los fluidos.

Este trabajo se vuelve inútil con un sujeto desarrollado porque éste instintivamente toma todas las precauciones. Ya ni siquiera es necesario colocar la mano sobre los ojos, pero resulta apto para realizar la videncia, solo, con los ojos abiertos, incluso entre la multitud, mientras se actúa rápidamente.

Algunas de las condiciones que deben cumplirse

He enumerado algunas precauciones a tomar para completar el desarrollo de las facultades supranormales. Hay otras previsiones generales que he dejado para el final, debido a su importancia y que son indispensables a seguir, ya que de lo contrario se puede llegar a un fracaso seguro. La primera, en la que se debe prestar una atención especial, es no emprender ninguna investigación psíquica, especialmente aquellas que son realizadas sin *obediencia a la ley moral*, para que así no haya ninguna ambigüedad. A continuación, voy a definir lo que quiero decir con estas palabras. Llamo la obediencia a la ley moral, *la tendencia a realizar el equilibrio armonioso de los opuestos*, ya que cualquier exceso es malo, toda falta de armonía es un sufrimiento, toda cosa es buena en su esencia y solo se vuelve dañina cuando es producto de un uso desafortunado. Por tanto, debemos prohibir toda la pasión violenta, cualquier sentimiento de odio o incluso la mera animadversión, cualquier curiosidad nociva y toda búsqueda egoísta que podría ser perjudicial para los demás. En resumen, todo lo que puede ser un elemento de sufrimiento o desequilibrio. Un lago solo puede reflejar el cielo y el paisaje circundante dentro de un ambiente calmado; si se alteran sus ondas, devolverá una imagen distorsionada y confusa. Del mismo modo, la vidente, agobiada por las corrientes vibratorias desordenadas, es sensible únicamente a las ondas sutiles que se le pide apreciar, y únicamente recibe visiones engañosas y erróneas. El experimentador incompetente podrá encontrar al comienzo satisfacciones en su búsqueda, sea por el efecto de la intensidad de su voluntad, o bien por razones ocultas, pero su beneficio será corto, tarde o temprano se perderá y será conducido al error y a la confusión, porque bajo la ley de las afinidades, el desequilibrio provoca el desequilibrio, se exalta y finalmente es conducido a la destrucción de las causas que la han generado.

El juego del subconsciente

Otras acciones pueden obstaculizar el ejercicio de la videncia, tales como el juego del subconsciente o la transmisión del pensamiento. Algunos libros incluso pretenden incluso explicar a través de ella todos los fenómenos psíquicos que acabamos de describir. Estas teorías contienen algo de verdad, pero son demasiado exclusivas; es evidente para el investigador que los autores no han manipulado el cerebro y son sólo espectadores a puerta cerrada, ya que la realidad es muy compleja y no se puede explicar con algunas hipótesis simples.

En primer lugar, hay que ponerse de acuerdo sobre lo que entendemos por la palabra subconsciente: la hemos considerado como la representación de las reservas adquiridas durante la vida por el funcionamiento del conjunto de recuerdos, recuerdos instintivos, así como recuerdos mentales. La mayoría de los autores consideran que al subconsciente como un elemento constituido por las sensaciones recibidas inconscientemente, grabadas sin el conocimiento de la persona en su memoria. Ahora, la telepatía y la clarividencia nos muestran que el ser humano es capaz de recibir todas las vibraciones del universo: por lo tanto, el inconsciente entendido de este modo es un lugar de convergencia de las energías mundiales y por lo tanto como una representación interna o más menos sensible y posiblemente perfecta del universo. Por lo tanto, no es de extrañar que esta palabra nos permite explicar todo, pero solo puede generar resultados inconsistentes y sin importancia. No es suficiente colocar una etiqueta con un nombre científico sobre un frasco para conocer las propiedades de su contenido.

La intuición de los asuntos de la vida

Otros autores distinguieron, con razón, un subconsciente y superconsciente, por un lado constituido, como lo hemos admitido, por lo que viene de nosotros mismos y nuestras adquisiciones personales, y por el otro, por lo que emana de todo lo que está fuera de nosotros. Esta distinción hace corresponder el juego del subconsciente a lo que habíamos llamado el trabajo en circuito cerrado y el papel del superconsciente en el trabajo en circuito abierto; es fácilmente comprensible que la vidente regrese dentro de su subconsciente cada vez que se le pida por su interés propio, o cuando tenga ideas preconcebidas sobre las preguntas que se le hagan. Por lo tanto, el ejercicio de la videncia siempre permanecerá muy difícil cuando la duda atañe los intereses prácticos del sujeto o provoca en él un estado pasional. Se concebirá, al contrario, sin dificultad cuando se trate de investigaciones abstractas o desinteresadas. Desafortunadamente, el desinterés científico es poco común; las preocupaciones generalmente irritantes de la vida dan lugar a un intenso deseo de buscar aclaraciones de carácter material a la videncia; interviene entonces el juego instintivo del subconsciente, y es necesario luchar contra él, si queremos obtener informaciones creíbles. La mejor forma de hacerlo es proceder con un doble enfoque, es decir, orientar el sujeto, de antemano, hacia asuntos des poca importancia, desarrollarlos, colocarlos en un estado de calma, y solo entonces a continuación, hacer la pregunta que le concierne. En estas condiciones la vidente solo puede regresar a sí misma después de haber atravesado las imágenes que necesita conocer y de las que extrae la solución que le importa. Estos problemas ya no existen cuando el sujeto busca la adquisición de una facultad supranormal con un completo desinterés. No sólo consigue la recompensa por sus esfuerzos en el perfeccionamiento de sus percepciones que le traen una notable lucidez e intuiciones espontáneas en los asuntos de la vida, más aún, gracias al entrenamiento, tiene consciencia, él mismo, del juego del subconsciente y del superconsciente: además distingue fácilmente sus respectivas funciones y no se deja extraviar por ellas. Por esta razón, es prudente al comienzo del entrenamiento eliminar cualquier asunto de interés personal y observar si la actitud del sujeto permanece perfectamente tranquila; cada gesto, por pequeño que sea, debe tenerse en cuenta e interpretarse ya que siempre indica una molestia o una preocupación. La videncia perfecta implica el estado de bienestar en la pasividad.

Cómo proyectar su pensamiento

La transmisión del pensamiento es menos común de lo que pensamos. La mayoría de los investigadores confiesan que lo han intentado sin éxito. Para poder leer el pensamiento de una persona, hace falta orientarse hacia él mismo, por la forma en que hemos indicado en el estudio de caracteres con doble enfoque. Debido a esta diferencia de que el personaje a estudiar es el propio operador, la asociación entre la imagen de partida y aquellas que son apropiadas al operador se establecen inmediatamente, o al menos con transiciones simples. El trabajo es fácil, porque siempre hay intercambios recíprocos de corrientes vibratorias entre el sujeto y el experimentador. A continuación, se formula interiormente el pensamiento que queremos enviar, y luego se debe "dejar ir", es decir, se olvida imaginando que tomó forma y que se aleja en la dirección del sujeto. Este proceso mental de "dejar ir" es la causa de la falla que se observa, ya que casi siempre se pasa por alto. Los experimentadores que tratan este tipo de experiencia, en general, proyectan mal su pensamiento; olvidando que dos dispositivos eléctricos no se pueden comunicar si no son compaginados y si no se emite ninguna corriente; mantienen en su mente la idea del pensamiento a transmitir en lugar de dejarla ir; y de esta forma contradicen la onda vibratoria, la neutralizan, impiden que llegue al sujeto que por supuesto, manifiesta no haber percibido nada. Por ejemplo, sabemos se puede hacer regresar a ciertas personas en la calle viéndolas el cuello. La experiencia, fácil con la atención espontánea, por lo general falla cuando se tiene la voluntad de hacerlo, precisamente porque se mantiene la idea de hacer regresar a la persona. Hace falta mirarla como si estuviésemos fuera de nosotros mismos y en su contra, entonces el pensamiento llega a ella, produce un contacto fluido y causa una impresión de presencia confusa. En resumen, la transmisión del pensamiento se produce sólo con una adecuada exteriorización de este pensamiento,

pero como este fenómeno siempre es posible, existe la preocupación de que intervenga en el ejercicio de la videncia,
con efectos lamentables. Esta intervención se convertirá
en casi nefasta cuando el experimentador mismo se pre-
ocupa por un asunto personal; la vidente, liberada de su
subconsciente, volverá a la de su guía, solo verá el reflejo
de sus deseos, o estará perturbada por la violencia de las
corrientes y, finalmente, dará únicamente respuestas sin
valor. Esta es la razón por el experimentador carente de
calma tendrá que recurrir a una persona desinteresada para
obtener la solución que desea, pero si no puede utilizar una
intervención externa, lo hará, como acabamos de indicar
sobre el subconsciente, comenzando con asuntos que no
causan ningún tipo de preocupación, y luego, por la intervención del sujeto y su incursión dentro el asunto práctico.

Vemos, en definitiva, que las complicaciones introduci-
das en la videncia por el subconsciente y la transmisión
del pensamiento se evitan fácilmente cuando se actúa con
calma, y como la calma es un estado de equilibrio, esta
obligación implica la obediencia a la ley moral, principio
de todo equilibrio. Por lo tanto, es necesario que el experimentador sea neutro tanto como sea posible: nunca puede ser totalmente neutro, ya que la neutralidad absoluta
significaría la indiferencia frente al fenómeno y la falta
de acción; pero debe experimentar una sensación de leve
curiosidad por el sujeto y un deseo de ayuda y bondad.
Se debe, si quiere alcanzar esta neutralidad, desconfiar
de sí mismo y recordar que las ideas preconcebidas y el
bagaje filosófico que llevamos con nosotros complican el

funcionamiento de nuestro cerebro y nos hacen estudiar frecuentemente los fenómenos con lentes distorsionantes.

Traspasar los planos inferiores

En el desarrollo de las facultades supranormales aún existe otra dificultad inesperada y con frecuencia difícil de superar. Esta se produce cuando ya no operamos con un sujeto nuevo, sino con una persona que ya ha practicado la videncia. Como no existe un procedimiento científico de entrenamiento, esta práctica se lleva a cabo casi siempre en condiciones defectuosas, como un estudiante que aprende música sin profesor ni método. El cerebro se nubla, la persona orienta sus visiones al azar y su facultad se vuelve desigual y caótica. Esta es una de las razones por la que los profesionales de la videncia manifiestan una mezcla de verdades y errores y rara vez traspasan los planos inferiores. Este psiquismo imperfecto no se constata solo en las personas que han trabajado la videncia voluntariamente, sino también en aquellas que la practican inconscientemente. Ya que los artistas, la mayoría de las mujeres, y quienes se dejan absorber profundamente por su imaginación, desarrollan, sin saberlo, de forma confusa, la capacidad de percibir lo que hay en el superconsciente. Todo trabajo de imaginación, y esto se explica fácilmente con lo que hemos dicho sobre el papel de la imaginación, conduce en ocasiones al umbral del subconsciente y provoca casualmente, al azar de las operaciones del pensamiento, fugas en el superconsciente. Esto ocurre en ciertos momentos de intuición notables, o incluso en ciertas mentes en momentos de una gran claridad, pero lo más común son las impresiones incoherentes y más o menos engañosas. Esta locura femenina y fobia incomprensible se fundamenta en las concentraciones internas mal conducidas. Incluso a veces en ciertos tipos de dolencias físicas desconocidas por la medicina actual o ciertos casos de alucinación o locura. Su cura, o al menos su alivio, se puede obtener a partir de métodos análogos a aquellos que se acaban de indicar por el desarrollo de las facultades supranormales. Esto se concibe fácilmente, ya que estos dolores proceden del mismo principio y son el efecto de un trabajo contrario al otro.

Cómo hacer de la persona un sujeto excelente

No insistiré en el punto de vista curativo de los problemas psíquicos ya que no entra en el marco de este estudio, tan solo indicaré los medios de superación de obstáculos que la practica defectuosa de la videncia aporta a su desarrollo regular. Podemos comenzar investigando la naturaleza de los defectos que resultan de ella y a continuación hacerlos desaparecer progresivamente, pero este proceso es difícil de manejar, exige tacto y requiere una nueva solución para cada defecto o cada sujeto. Lo mejor es comenzar desde cero y actuar como el profesor que ordena empezar el dibujo de nuevo en lugar de arreglarlo. A tal fin, procedemos de manera inversa a la que habíamos indicado para lograr que el sujeto comience; en lugar de empujarlo progresivamente fuera del subconsciente, dejamos que se proyecte por sí mismo en su plan habitual de trabajo, y a continuación lo traemos de vuelta a su subconsciente con palabras que evoquen imágenes de retorno, cuidando que el individuo proceda de forma calmada y rítmica. Cuando estamos seguros de que se encuentra aislado en sí mismo, lo hacemos salir de nuevo, pero de forma muy ligera, observándolo de cerca y recurriendo a transiciones muy sutiles para evitar que vuelva bruscamente a su plano habitual a través de su proceso. Evitamos al mismo tiempo el hacer cualquier pregunta difícil y que pueda inducir a un error. El éxito depende de la paciencia y del tacto del operador. Sin embargo, cuando se consigue, hace de la persona un sujeto excelente, ya que es evidente que esta poseía disposiciones naturales para la videncia, pues de lo contrario no se le habría incitado a entregarse a ellas. Estas disposiciones pueden llegar a ser extraordinarias con el entrenamiento correcto.

Lo que siente el sujeto

Hasta ahora solo ha sido discutida la mentalidad del experimentador durante el desarrollo de las facultades supranormales; puede ser interesante examinar la del sujeto y sus sensaciones. Las impresiones experimentadas son similares en todas las personas y solo difieren en las fases transitorias, ya que, al principio del entrenamiento, dependen del estado mental, de las aptitudes y de la facilidad de asimilación; ciertos sujetos se saltan las etapas, otros, al contrario, se quedan en las primeras percepciones;

para lograr una generalización en este tema indicaremos las sensaciones progresivas.

La persona que comienza un ejercicio de videncia y que no tiene ninguna noción de lo que va a experimentar es apenas consciente de la diferencia que existe entre la sensación objetiva provocada por el sistema visual y la sensación subjetiva que proviene del superconsciente. Incluso a veces hace esfuerzos en vano para fijar la imagen interior buscando el verla con sus propios ojos, de manera que provoca su desaparición en lugar de acentuarla. Las sensaciones internas presentan esta característica, no se localizan y dan la sensación de poder llegar a ser tanto auditivas como visuales; esta es la razón por la que el desarrollo de la clariaudiencia se lleva a cabo como el de la clarividencia. Además, la percepción convierte a la sensación en algo más preciso, mientras que ocurre lo contrario con las impresiones objetivas; en otras palabras, la significación de una visión concreta aparece después, mientras que la de una visión subjetiva se conoce inmediatamente. Por ejemplo, un edificio que se divisa en la niebla primero genera una sensación de confusión, y solo se reconoce si nos acercamos, cuando su contorno llega a ser lo suficientemente preciso. En la visión subjetiva, al contrario, el edificio se percibe con su carácter propio, incluso antes de que se dibuje la imagen. Esto hace que la persona afectada por una onda vibratoria la perciba primero como impresión general, después la localice y finalmente la reconozca con uno de sus sentidos habituales, con el fin de poder situarla en sí misma.

La intensidad de la imagen

La intensidad de la imagen depende del grado de entrenamiento y concentración interior; por otro lado, si en el ejercicio de la videncia el sujeto permanece muy consciente de lo que ocurre a su alrededor, el campo de la consciencia se comparte entre las sensaciones objetivas y las subjetivas, y las visiones continúan siendo obligatoriamente pálidas y casi incoloras. La imagen tiende a permanecer pobre cuando el sujeto asciende tan alto como le sea posible, ya que se encuentra en ese momento en el límite de la percepción. Este es el motivo por el que ciertas videntes de alto nivel solo tienen visiones débiles, mientras aportan información notable. La cantidad de la videncia no depende de la nitidez de las imágenes, sino del valor, de la riqueza y de la precisión de las indicaciones proporcionadas. Normalmente, la persona que desea adquirir la videncia desconoce estos detalles; se imagina que sus visiones tendrán la claridad de aquellas pertenecientes a la vida corriente, y se sorprende de sentir tan solo impresiones fugitivas y vagas en lugar de percibir imágenes definidas y coloridas. Este sentimiento, junto con el miedo de tener reminiscencias y la ignorancia del verdadero papel de la imaginación le hacen dudar del éxito. Esta duda no solamente obstaculiza el desarrollo de la facultad, provocando retornos continuos al subsconsciente, sino que también puede ser lo suficientemente fuerte como para desanimarla y aunque aporte un poco de inestabilidad, le impide, erróneamente, continuar avanzando. Si, al contrario, tiene la paciencia de perseverar, como guarda un recuerdo preciso de las impresiones experimentadas en cada sesión, sea cual sea el intervalo de tiempo que las separa, las sensaciones se agregan, se coordinan; el progreso es continuo, se siente tarde o temprano y disipa las dudas iniciales. Las imágenes se vuelven entonces más coloridas; recuerdan a las de un sueño, o más bien a las que percibimos por la noche o por la mañana antes de dormir o en el momento antes del despertar, cuando el cerebro se encuentra entre el despertar y el sueño. Primero tienen una duración muy corta y a veces pasan como un destello, que, sin embargo, deja una impresión lo suficientemente fuerte como para ser analizada. Con el tiempo, llega la firmeza y las imágenes simultaneas se multiplican. La palabra pronunciada por el operador evoca un torrente de sensaciones visuales, y el sujeto solo tiene opciones de sobra. La riqueza de sus percepciones llega a tal nivel que se ve limitada por la obligación de expresarse con palabras.

La exteriorización

Su consciencia del ambiente puede permanecer plena y completa, o aumentar y disminuir a su gusto; se le puede incluso forzar hasta el sueño acentuando su aprehensión, tal y como hemos dicho. Sin embargo, es preferible evitar el sueño por las razones que ya hemos dado, y porque resulta en una exteriorización que fatiga al sujeto y presenta inconvenientes para la salud. Ya hemos hablado varias veces de la salida del sujeto fuera de su subconsciente; por ella no nos referimos ni a una exteriorización, ni a ningún desplazamiento en el espacio invisible, sino un estado psíquico tal que el sujeto deja de ser sensible a las vibraciones de su subconsciente para serlo a las de su superconsciente.

Progresos con frecuencia sorprendentes

Una vez esta fase de inicio, tan complicada como el resto de periodos de arranque, se termina, el progreso es indefinido y los resultados obtenidos por el ejercicio continuo de la facultad nos acercan a lo maravilloso. Un sujeto, bien entrenado por la doble visión, disminuye el tiempo que emplea para encontrar la imagen del objeto, del lugar o de la persona que le hemos indicado, respondiendo casi instantáneamente; consigue después ignorar al experimentador y llegar a la concentración mental por simple voluntad. Además, siempre conserva la consciencia de sus actos, y puede practicar la doble visión en plena conversación, entre dos palabras, sin que el interlocutor se dé cuenta. La visión buscada, si se trata de un lugar, el sentimiento psicológico, si se trata de un rasgo, le atraviesan como un destello, se fijan en su memoria y solo le basta analizar su impresión para deducir lo que le conviene. Puede incluso percibir claramente todas las preocupaciones de los asistentes y hacer lecturas de pensamiento muy precisas.

El sujeto entrenado en la visión retrospectiva o premonitoria manifiesta una facultad todavía más extraordinaria. Ciertas personas llegan a captar con tan solo un vistazo el pasado y el futuro de la Tierra, y pueden incluso, sobrepasar el campo terrestre para ver otros planetas. Este sujeto me describió las primeras manifestaciones de vida, y los comportamientos de los animales antediluvianos con una precisión sorprendente, que sobrepasa con creces los datos de la ciencia y los esclarece. Otros sujetos interrogados sobre mundos futuros me describieron la forma de las sociedades del futuro, sus costumbres, sus industrias y su vida de forma detallada con una concordancia recíproca todavía más sorprendente ya que no se conocían. No solamente sus concepciones fueron inesperadas, originales y fueron más allá de los límites tanto de sus mentes como de la mía, sino que también las organizaciones materiales y las soluciones morales que se vislumbraban en el futuro eran incontestablemente superiores a lo que éramos capaces de imaginar, tanto ellos como yo. No solamente no había ninguna contradicción entre sus descripciones, sino que algunas de ellas, en relación, por ejemplo, con máquinas del futuro o detalles de la vestimenta, eran expresadas por un sujeto y complementadas por otro, a veces tras un largo periodo de tiempo. Es necesario, por lo tanto, admitir que no fueron producto de un trabajo de su subconsciente, sino que emanaron de una fuente independiente de ellos mismos, como si el futuro anunciado fuese preexistente, o por lo menos en desarrollo en el cerebro de la Tierra. Estas visiones no implican ningún fatalismo, ya que los sujetos añadían que no podían confirmar con certeza lo que ocurriría, sino que, siguiendo la lógica y las tendencias de la humanidad, tenían un alto grado de probabilidad.

Una riqueza de colores incomparable

La exploración de lo invisible, para un sujeto entrenado, sobrepasa en interés los datos de las facultades precedentes. Estos modos vibratorios ilimitados, con sus combinaciones incalculables, que ya he mencionado, y que la ciencia nos permite sospechar, son cada vez más sensibles y generan sensaciones y percepciones inconcebibles a nuestro entendimiento. Las imágenes, que resultaban pálidas e imprecisas al principio del entrenamiento, ofrecen una riqueza de colores incomparable; parecen incluso entretejidas en la propia luz, y su brillo, que crece gradualmente con el ascenso del sujeto, llega a ser insoportable cuando supera su grado de evolución. Las escenas vislumbradas, terroríficas, en el plano inferior, pasan a ser admirables en las regiones altas, donde se componen en una armonía perfecta. El mundo de lo maravilloso, con incesantes transformaciones fantásticas y con una innumerable variedad de seres y de formas, se presenta ante los ojos del sujeto en todo su esplendor. Así que el simple pensamiento de retorno a la vida objetiva le causa tristeza. En estos planos superiores, incluso las sensaciones más simples, aquellas que resultan de una simple transposición de las vibraciones terrestres elementales, resultan curiosas de observar. Por ejemplo, un sujeto «escuchaba los pensamientos armoniosos que emanaban de la tierra; percibía sus vibraciones como sonidos que le recordaban al mismo tiempo, aunque con mayor pureza y delicadeza, a los de un harpa o un cristal. Tenía el sentimiento de estar inmerso en un mar de armonía inconcebible y le bastaba con fijar su atención en uno de estos sonidos para alcanzar toda la profundidad del pensamiento correspondiente». Todavía más arriba, las formas desaparecen y las impresiones adquieren una plenitud y una extensión que no se pueden describir con las pobres expresiones de nuestro lenguaje terrestre. La mayoría de quienes no han asistido a estas escenas de videncia y que solo conocen el relato permanecen incrédulos y atribuyen estas visiones extraordinarias a las fantasías de la imaginación. Sin embargo, estas descripciones implican una facultad de composición estética superior a la mentalidad del sujeto: no son de ninguna manera incompatibles con las hipótesis permitidas por la ciencia, y como se dan en todas las personas entrenadas adecuadamente, sea cual sea el operador, hay que admitir que establecen sus bases fuera del sujeto; pero al hombre le cuesta concebir lo que no siente; prefiere negar todo aquello que incomode su entendimiento o calmar su filosofía con una explicación fácil.

Una agradable sensación de relajación

Al final de una sesión de videncia, dirigida con las precauciones que hemos indicado, el sujeto retoma la consciencia del mundo objetivo, no solamente sin fatiga, sino que lo hace incluso con un estado físico y mental mejor que en el que se encontraba al principio, con el recuerdo completo de todo lo que ha visto y sentido; su único inconveniente es el dejar el estado de bienestar que sentía a lo largo de sus visiones maravillosas.

Su fisonomía muestra, cuando vuelve a abrir los ojos, una sonrisa característica de la relajación, de la calma interior y de una especie de impregnación del misterio. Esta sonrisa, con la ausencia de todo movimiento nervioso, es para el experimentador la prueba de que la sesión se ha llevado a cabo correctamente. Sin embargo, si por el contrario, se han descuidado las precauciones, no se ha tenido paciencia, se ha apresurado al sujeto sin darle el descanso necesario, hemos multiplicado las preguntas incoherentes, hemos operado bajo un estado pasional alterado, no hemos respetado la ley moral y no hemos hecho cuidadosamente las impresiones de retorno, fatigamos al sujeto, agotamos su sistema nervioso, provocamos la oposición de los seres ocultos y de centros conscientes insospechados (sobre todo en el caso de la desobediencia de la ley moral) y generamos problemas circulatorios. Si cometemos los mismos fallos durante varias sesiones, podemos generar toda una variedad de trastornos psíquicos: anemia, agotamiento nervioso, problemas cardíacos, desórdenes pasionales, alucinaciones, locura, e incluso muerte súbita cardíaca. Toda ciencia tiene su contrapartida, tanto para bien como para mal, y no conviene abordar las ciencias psíquicas como un juego o simplemente por curiosidad.

Una cultura de la mente extremadamente rica en consecuencias

En resumen, podemos decir que el desarrollo de las facultades supranormales es una cultura de la mente. Hace que quien la practique sea más sensible a las vibraciones sutiles, lo afina, alarga su horizonte y aumenta sus conocimientos. Mejora su estado nervioso, le proporciona una intuición penetrante para la vida practica que hace que frustre las trampas de sus adversarios y le guía en el camino de la vida material. Le aporta una clarividencia profunda del plano psíquico que lo hace comprender su destino, que le da una confianza superior y le ayuda a soportar las pruebas, haciéndolas más llevaderas. En conclusión, deja clara la existencia de la supervivencia; lo ayuda a aclarar este serio problema y le prepara para el destino que le espera en la vida invisible.

Estas facultades no constituyen una simple ventaja para el individuo, tienen un alcance más profundo, ya que son los primeros elementos de las ciencias psíquicas. Sin embargo, estas son todavía casi primitivas y apenas se encuentran en el estado de desarrollo en el que se encontraba la electricidad el siglo pasado. Mientras que los primeros experimentos, como los de Volta y Ampère, apenas eran conocidos y tan solo interesaban a los expertos, nadie podría presagiar los resultados prácticos e industriales que tendrían, ni las esperanzas que pondríamos hoy en día en el magnetismo y la electricidad. Incluso quienes rechazaban las bases de las ciencias psíquicas comienzan a ver en ellas un futuro, insospechado para el público, y probablemente superior a las ciencias físicas incapaces de afectar al ser de forma tan profunda. Tendrán obligatoriamente una repercusión social cada vez mayor. Permitirán de hecho constituir una psicología racional y, a partir de ahí, una pedagogía científica. Ayudarán a resolver las crisis sociales, ya que aportarán una solución económica. Proporcionarán los recursos incalculables de lo invisible. Mejorarán la humanidad, puesto que demostrarán la realidad de la supervivencia. Demostrarán la necesidad de la ley moral. Extenderán sin límite el campo de la consciencia y liberarán al hombre de su encasillamiento en lo material, al mostrarle que lo más esencial para él, y a lo que debe subordinar sus intereses, es a la evolución de su consciencia en los tres planos: físico, anímico y mental.

CONCLUSIÓN

Conclusión

En general, vivimos en el desorden de nuestras sensaciones y nuestras emociones, capaces de ejercer sobre ellas una dominación imperfecta y efímera, y somos incapaces de utilizar las riquezas latentes de nuestra naturaleza. Nuestro cerebro trabaja incoherentemente y se parece al castillo de la Bella Durmiente; envuelto por un bosque impenetrable de problemas y preocupaciones diarias y disimula, en su interior, una multitud de facultades dormidas. Pero ninguna fuerza resulta impenetrable al topógrafo que, con sus puntos de referencia y sus bases precisas, localiza el acceso y los caminos que lo recorren. De igual manera, el estudio de nuestras reacciones sensitivas y motrices, tal y como se practica en la psicofísica, activa los elementos esenciales de nuestra mente, los concreta, los coordina y produce la aparición de nuevos estados de consciencia, o bien convierte en permanentes las facultades cuya manifestación tan solo es accidental, como la de la clarividencia.

El elemento más importante de nuestra mente es la sensación resultante de nuestra reacción consciente al choque de las ondas o corrientes emitidas por los principales resonadores de nuestro ambiente, como la luz, el sonido, los olores, etc. En la vida diaria estos resonadores jamás se encuentran aislados; su conjunto provoca grupos de sensaciones a las que llamamos imágenes. Estas imágenes, al seguir el juego constantemente cambiante de los estimulantes, forman escenas que se modifican rápidamente, para dejar huella que permitan encontrarlas a través de los recuerdos, y que, al acumularse con los años, constituyen el llamado subconsciente.

Además, estas imágenes se entremezclan o se confunden debido a la semejanza de las corrientes que las constituyen, y pueden asociarse por contigüidad en el tiempo o el espacio. Así, el recuerdo de un banco evoca circunstancias, o accesorios, a las cuales está ligado, como un jardín o una calle. El juego fantasioso, al menos en apariencia, de estas imágenes, constituye la imaginación, la cual es pasiva cuando las imágenes surgen de forma espontánea como en los sueños y es activa cuando se provoca por voluntad propia, como en la concepción de una novela. Sin embargo, en ambos casos, la aparición de la imagen implica siempre una asociación con la anterior; por lo que el contraste, es decir, la aparición de una imagen sin relación con la anterior, tan solo puede resultar de una acción exterior a nosotros, y esta es una de las razones que motiva la intervención de un instructor en el desarrollo de la clarividencia.

Por lo tanto, de un lado está la primera imagen, que es la reacción directa de nuestro ser a un haz de corrientes y, por otro lado, la segunda imagen, reflejo de la primera y mantenida en el tiempo por la memoria, y que se evoca bien sea por asociación o por contraste. Sin embargo, mientras que la primera imagen se debe a la receptividad de una corriente y a su interpretación por parte de nuestra consciencia, la segunda nace en nosotros mismos y se irradia a través del espacio, como lo demuestran los fenómenos telepáticos y el estudio de las reacciones sensitivas y motrices. De modo que nuestro cerebro funciona como una radio, a veces como receptor y a veces como emisor.

Siete reglas esenciales

En general, estas imágenes irradiadas en el espacio son demasiado débiles como para alcanzar nuestra consciencia, y es necesario para percibirlas, modificar o agudizar nuestra consciencia. Sin embargo, la consciencia es el resultado de dos factores: la intensidad del estimulante y el contraste. Una luz pasa desapercibida si es demasiado débil, o si no se diferencia de su entorno. Sin sombra no hay luz. Sabemos por lo tanto modificar la consciencia, ya que estos dos factores están en nuestro poder. Para realizar el primer factor, sensibilizaremos la consciencia a intensidades cada vez más débiles con el fin de:

1. impedir que se disperse por el aislamiento del sujeto, los ruidos y los estimulantes exteriores;
2. ayudar al sujeto a olvidar sus preocupaciones y a que permanezca lo más calmado posible;
3. concentrar su pensamiento en una imagen;
4. hacer referencia al contraste una vez la concentración deja de ser eficaz;
5. provocar la aprehensión, es decir, hacer que viva la imagen en su interior;
6. operar a través de transiciones convenientes y evitar cualquier pregunta incoherente. En el paso de contraste, advertimos al sujeto que vamos a modificar la

imagen y le invitamos a que se prepare para el cambio;

7. aumentar el rendimiento de la consciencia a través de la creación de un ambiente armónico, es decir, a través del ascenso.

Precisemos con más profundidad estos siete puntos. El sujeto, es decir, cualquier persona preocupada por alcanzar la clarividencia según ley moral, se instala cómodamente en una sala, fuera de cualquier molestia física, tapándose los ojos con la mano para ocultar la luz. Le conducimos a la calma interior a través del vacío en sus pensamientos, o más bien invitándolo a que represente diferentes imágenes adecuadas, a que olvide sus preocupaciones, a que recuerde un lago calmado durante una puesta de sol, o a que se imagine grandes extensiones de terreno monótonas. A continuación, le pediremos que oriente sus pensamientos en un sentido moral armónico.

Una vez obtenida la calma, le pediremos que permanezca neutro, que simplemente preste atención a la palabra que se va a pronunciar, que deje a un lado cualquier esfuerzo de la memoria y que describa inmediatamente la impresión que le surja. Pronunciamos una palabra concreta pero común, como un jarrón o un perro, sin tener uno mismo la representación precisa para evitar la sugestión. Esta palabra, a través de un efecto de contraste, provoca un ligero choque en la consciencia y hace que aparezca una imagen, la cual le pedimos que describa detalladamente para que podamos nosotros mismos crear una representación exacta. Esta operación tiene la doble finalidad de forzar al sujeto a la concentración de pensamiento y de conectar al instructor con él. Invitamos al sujeto a borrar las imágenes ya gastadas de su mente y comenzamos otra vez con nuevas palabras que susciten imágenes cada vez más complejas, como un apartamento, un jardín o un castillo. Facilitamos entonces su desarrollo al hacer que el sujeto viva en la imagen, es decir, que le pedimos que se coloque frente al objeto, que lo tome en su pensamiento o, si representa una carretera, que circule por ella. A continuación, lo asociaremos a imágenes de movimiento, como montarse en un coche o un tren. En todas estas operaciones, el instructor tan solo da las indicaciones estrictamente necesarias para evitar la sugestión y provocar la aparición del mayor número de imágenes espontáneas posible.

Al principio, las imágenes espontáneas se producen a veces entre confusión y sensaciones desagradables, por ello, es necesario crear un ambiente armónico que se ha discutido, en cuanto el sujeto comienza a saber concentrarse en su pensamiento. En primer lugar, cualquier imagen espontánea, fea, deformada o desagradable debe cesarse inmediatamente; en segundo lugar, provocaremos una serie de impresiones de ascensión al invitar sucesivamente al sujeto a que se imagine a sí mismo subiendo un camino empinado, que escala una montaña o que sube por una escalera que se pierde en las nubes, todo ello mientras se marcan las alternativas de descanso para que, finalmente, se eleve en el espacio formando espirales.

En estas condiciones, la consciencia se hace más sensible progresivamente a las vibraciones cada vez más sutiles. La palabra pronunciada evoca una imagen, por lo que una corriente se difumina en el espacio y despierta el azar del encuentro de las corrientes conectadas, que pasarían desapercibidas en un estado ordinario y que se sienten en este nuevo estado de consciencia. El sujeto experimenta impresiones de formas y paisajes que se concretan con la atención, desapareciendo con el progreso del ascenso y dando paso a sensaciones ambientales, luminosas y coloridas, de una intensidad y una belleza incomparables. Estos ambientes están habitados de seres cuyos contactos evocan sensibilidades exquisitas y sentimientos extraterrestres muy puros y bonitos.

En estos ascensos armónicos, en lugar de dejar las imágenes corrientes surgir al azar, podemos elegir las palabras de modo que determinemos ciertas asociaciones deseadas. La palabra se convierte en una especie de manipulador de corrientes, a través del que podemos conectar al sujeto a un individuo o escena lejana concretos, y de este modo, le conduciremos a visiones a distancia, a la lectura del pensamiento y a la premonición, es decir, a la percepción de acontecimientos en preparación.

Conviene recordar que resulta importante el tomar todas las precauciones posibles a la hora de guiar al sujeto del estado subjetivo a la vida objetiva tal como se ha hecho para inducirlo a un estado de concentración, ya que, de lo contrario, podríamos provocar fatigas, vértigos y enfermedades relacionadas con la circulación imperfecta de la vida fluídica y nerviosa, especialmente cuando el sujeto es sensible e imaginativo, o se ha desarrollado sin orientación.

Cómo realizar el retorno

El retorno se realiza por evocación inversa de las imágenes que se han utilizado para la liberación, a través de la representación de uno mismo en el sofá, con varias respiraciones profundas, sobre todo a través de la representación del repliegue de las ondas sobre uno mismo, y de la reintegración de los cuerpos fluidos, gracias a la ordenación de las corrientes circulatorias y de la relajación gimnástica, como se ha comentado anteriormente.

Cada sesión da sus frutos, y a través del efecto de esta cultura psicofísica, las imágenes percibidas no se olvidan más, la memoria se perfecciona, la intuición se desarrolla de forma impresionante y la mente piensa de forma más calmada y moderada: aparecen sensaciones desconocidas. El espacio y el tiempo, estos dos obstáculos de la vida, se atenúan, la clarividencia aparece, una nueva facultad nace que trae consigo una mejora de la salud moral y física.

Discovery Publisher is a multimedia publisher whose mission is to inspire and support personal transformation, spiritual growth and awakening. We strive with every title to preserve the essential wisdom of the author, spiritual teacher, thinker, healer, and visionary artist.

www.ingramcontent.com/pod-product-compliance
Lightning Source LLC
LaVergne TN
LVHW091158080426
835509LV00006B/747